大学赤本シリーズ

513

近畿大学
国語

〈医学部を除く〉

3日程×3カ年

教学社

はしがき

おかげさまで、大学入試の「赤本」は、今年で創刊七十周年を迎えました。

これまで、入試問題や資料をご提供いただいた大学関係者各位、掲載許可をいただいた著作権者の皆様、各科目の解答や対策の執筆にあたられた先生方、そして、赤本を使用してくださったすべての読者の皆様に、厚く御礼を申し上げます。

以下に、創刊初期の「赤本」のはしがきを引用します。これからも引き続き、受験生の目標の達成や、夢の実現を応援してまいります。

本書を活用して、入試本番では持てる力を存分に発揮されることを心より願っています。

編者しるす

＊　＊　＊

学問の塔にあこがれのまなざしをもって、それぞれの志望する大学の門をたたかんとしている受験生諸君！　人間として生まれてきた私たちは、自己の欲するままに、美しく、強く、そして何よりも人間らしく生きることをねがっている。しかし、一朝一夕にして、この純粋なのぞみが達せられることはない。私たちの行く手には、絶えずさまざまな試練がまちかまえている。この試練を克服していくところに、私たちのねがう真に人間的な世界がはじめて開かれてくるのである。

人生最初の最大の試練として、諸君の眼前に大学入試がある。この大学入試は、精神的にも身体的にも、大きな苦痛を感ぜしめるであろう。あるスポーツに熟達するには、たゆみなき、はげしい練習を積み重ねることが必要であるように、私たちは、計画的・持続的な努力を払うことによって、この試練を克服し、次の一歩を踏みだすことができる。厳しい試練を経たのちに、はじめて満足すべき成果を獲得できるのである。

本書は最近の入学試験の問題に、それぞれ解答を付し、さらに問題をふかく分析することによって、その大学独特の傾向や対策をさぐろうとした。本書を一般の参考書とあわせて使用し、まとはずれのない、効果的な受験勉強をされるよう期待したい。


（昭和三十五年版「赤本」はしがきより）

目次

掲載内容についてのお断り

●本書には、一般入試前期のうち左記の日程の「国語」を掲載しています。
二〇二四年度：A日程一月二十八日実施分・B日程二月十一日実施分・B日程二月十三日実施分
二〇二三年度：A日程一月二十九日実施分・B日程二月十一日実施分・B日程二月十三日実施分
二〇二二年度：A日程一月三十日実施分・B日程二月十二日実施分・B日程二月十三日実施分
●近畿大学の赤本には、ほかに左記があります。
『近畿大学・近畿大学短期大学部（医学部を除く―推薦入試）』
『近畿大学・近畿大学短期大学部（医学部を除く―一般入試前期）』
『近畿大学（英語〈医学部を除く3日程×3カ年〉）』
『近畿大学（理系数学〈医学部を除く3日程×3カ年〉）』
『近畿大学（医学部―推薦入試・一般入試前期）』
『近畿大学・近畿大学短期大学部（一般入試後期）』

TREND & STEPS

傾向と対策

問題の「傾向」を分析し、具体的にどのような「対策」をすればよいか紹介しています。まずは出題内容をまとめた分析表を見て、試験の概要を把握しましょう。

注意

「傾向と対策」で示している、出題科目・出題範囲・試験時間等については、二〇二四年度までに実施された入試の内容に基づいています。二〇二五年度入試の選抜方法については、各大学が発表する学生募集要項を必ずご確認ください。

近畿大学の一般入試は試験日が異なっても出題傾向に大きな差はないから過去問をたくさん解いて傾向を知ることが合格への近道

近畿大学の一般入試（医学部を除く）は、例年、学部・日程・試験日が異なっても出題形式・問題傾向に大きな差はみられないことから、過去問演習が特に重要です。

受験する日程にかかわらず多くの過去問にあたり、苦手科目を克服し、得意科目を大きく伸ばすことが、近畿大学の合格への近道と言えます。

国語

年度		番号	種類	類別	内容	出典
2024 ●	一月二十八日	(一)	現代文	評論	書き取り、内容説明、語意、内容真偽	「美しい都市・醜い都市」五十嵐太郎
		(二)	古文	日記	文法、指示内容、内容説明、空所補充、和歌解釈、内容真偽	「春の深山路」飛鳥井雅有
		(三)	現代文	随筆	内容説明、空所補充、内容真偽	「インタラクティヴ・マインド」桂英史
	二月十一日	(一)	現代文	評論	書き取り、内容説明、空所補充、内容真偽	「翻訳と雑神」四方田犬彦
		(二)	古文	擬古物語	和歌解釈、内容説明、文法、人物指摘、口語訳	「山路の露」
		(三)	現代文	評論	内容説明、空所補充	「時間の正体」郡司ペギオ-幸夫
	二月十三日	(一)	現代文	評論	書き取り、空所補充、内容説明	「現代メディアと批評する個人」佐藤俊樹
		(二)	古文	室町物語	口語訳、内容説明、文法、人物指摘、主旨	「御伽草紙」
		(三)	現代文	随筆	内容説明、慣用表現、空所補充、内容真偽	「ワンダーランドに卒業はない」中島京子

年度	日程	番号	種類	類別	内容	出典
2023 ●	一月二十九日	(一)	現代文	評論	書き取り、内容説明、空所補充、内容真偽	「敗北の二十世紀」 市村弘正
		(二)	古文	日記	内容説明、文学史、和歌解釈、空所補充、文法、内容真偽	「とはずがたり」 後深草院二条
		(三)	現代文	随筆	内容説明、空所補充	「遊歩のグラフィスム」 平出隆
	二月十一日	(一)	現代文	評論	書き取り、内容説明、空所補充、内容真偽	「イスラームはなぜ敵とされたのか」 臼杵陽
		(二)	古文	歌論	内容説明、語意、口語訳、人物指摘、内容真偽	「夜の鶴」 阿仏尼
		(三)	現代文	随筆	空所補充、内容説明	「火から遠い沈黙」 清水邦夫
	二月十三日	(一)	現代文	随筆	書き取り、内容説明、空所補充、表現効果	「ブリッジ」 御田寺圭
		(二)	古文	仏教書	内容説明、指示内容、文法、空所補充、文学史	「歎異抄」 唯円
		(三)	現代文	評論	内容説明、空所補充、内容真偽	「世界の読者に伝えるということ」 河野至恩
2022 ●	一月三十日	(一)	現代文	評論	書き取り、空所補充、内容説明、内容真偽	「タイトルの魔力」 佐々木健一
		(二)	古文	説話	内容説明、文法、口語訳、和歌解釈、人物指摘、空所補充	「発心集」 鴨長明
		(三)	現代文	随筆	内容説明、空所補充、語意	「風 森崎和江詩集」 森崎和江
	二月十二日	(一)	現代文	随筆	書き取り、内容説明、空所補充、内容真偽	「コーランと千夜一夜物語」 井筒俊彦
		(二)	古文	随想	文学史、人物指摘、文法、口語訳、空所補充、内容真偽	「しりうごと」 小説家大人
		(三)	現代文	評論	内容説明、空所補充	「信頼の風土」 伊藤亜紗
	二月十三日	(一)	現代文	評論	書き取り、指示内容、空所補充、内容説明、主旨	「『色のふしぎ』と不思議な社会」 川端裕人
		(二)	古文	仮名草子	語意、口語訳、文法、和歌解釈、人物指摘	「醒睡笑」 安楽庵策伝
		(三)	現代文	随筆	内容説明、空所補充、内容真偽	「海をあげる」 上間陽子

（注）●印は全問、◑印は一部マーク方式採用であることを表す。

傾向　現代文、古文とも確実な基礎力がカギ 幅広い出題に対応できる基礎力を身につけよう

一　出題形式は？

現代文二題、古文一題の計三題の出題で、試験時間は六〇分。解答形式は全問マーク方式である。

二　出題内容はどうか？

現代文

評論または随筆が出題されている。

評論の内容は、社会学、人文学、国際関係など多岐にわたり、論理の流れがわかりやすく書かれた文章が選ばれている。随筆は筆者が何を主張しているのか把握する力が必要となる。

設問は、書き取り五問が必出。他は内容説明を中心に、空所補充、内容真偽といったオーソドックスな出題がなされている。

古　文

中古から近世の物語、説話、日記、歌論などから出題されており、時代やジャンルに偏りはない。著名な作品が出題されることもあるが、高校時代には作品名にすら触れることのない作品や和歌の出題もある。

設問は、内容説明、口語訳、空所補充、人物指摘などの他に、文法や文学史も出されている。和歌を含む文章が出題されることも多い。

三　難易度は？

現代文は、出題される文章は標準的である。設問は、一部難問が混じるが、確実な基礎力があれば対応できる問題が多い。本文と照合しながら、慌てず選択肢を検討していけばよい。

古文も標準的な出題ではあるが、訳が難しい箇所や和歌の解釈、口語訳が問われることもあるので、文法的知識を活用しながら選択肢を絞り込むこと。

時間配分としては、現代文を一題約二〇分、古文を一五分で解き、残った時間を見直しに使いたい。

対策

一　現代文

様々な分野の文章が出題されているため、まずは新聞の、特に社説や著名人の寄稿を意識して読んで幅広く知識を得、同時に語彙を増やしたい。興味のある分野のブックレットや新書を読むこともすすめたい。

授業で読む文章や問題演習の際の本文は復習で精読し、しっかり理解しておきたい。この蓄積が初読の文章の読解力向上につながっていく。並行して、『体系現代文』（教学社）などの、解説が詳しくややレベルの高い問題集に取り組んでおきたい。実戦的な読解力の養成を図ろう。漢字力や語彙力に不安がある人は、早い段階で専用の問題集で鍛えておくこと。

あとは過去問を解いて時間配分や選択肢の絞り方をトレーニングし、本番に臨もう。

二　古文

助詞や助動詞といった文法的知識が選択肢を絞り込む際にかなり有効であるため、文法に苦手意識がある人は早めに取り組んでおくこと。古語に不安がある人は単語帳で重要古語を必ず押さえておこう。また和歌に関する出題もあるため、『大学入試　知らなきゃ解けない古文常識・和歌』（教学社）などを利用して枕詞や掛詞といった和歌修辞を確認すると同時に、和歌の解釈にも慣れておくとよい。

最も重点を置くべきは授業の復習で、本文と訳を丁寧に照らし合わせながら、文法事項や古語を確認し、自分のものとしておくこと。古語、文法、和歌、と個別に学習してきた知識を復習の際につなげるイメージで学習を進めるとよい。

2024年度

問題と解答

一月二十八日実施分

問　題

（六〇分）

〔一〕　次の文章を読んで、後の問いに答えよ。解答番号は〔一〕の 1 から 13 までとする。

国土交通省によって①「美しい国づくり」が唱えられ、景観法が制定された。経済優先の開発からすぐれた景観へ。あまりにも「正しい」方針である。だが、この正反対ともいえる方向転換を手放しで喜べるのだろうか。アーバンデザイナーの第一人者の田村明も、景観行政の流行に対し、以下の点をチェックすべきだと述べている。

形式的・外形的な「美しさ」だけを求めていないか。
「美しさ」が画一化、マニュアル化し、個性と創造性を失っていないか。
「場」にふさわしくないものが、無批判にもち込まれていないか。
補助金のために、本当に必要なことより予算消化を考えていないか。
一時的な流行で、お金がなくなると、あっさり元へ戻ってしまわないか。
長期的に地域の人々が育てていくことになっているか。

本当に「美しい」景観が創出するのか。二〇〇五年二月十六日、経団連ホールにおいて「美しい国づくりシンポジウム」が開催されたが、東名高速の掛川料金所が紹介されていた。地域のⓐイショウをとり入れ、全国で初めて切り妻屋根を採用し、料金ブースも従来の赤ではなく、緑色になっている。だが、写真を見る限り、正直いって、②筆者はこれが美しいとはとても思えない。むしろ、テーマパークやロードサイド沿いの和風レストランのようで、キッチュなものだ。こうした説明的なデザインを日本中に増殖させることが、美しい国づくりなのだろうか。料金所にいらないデザインを付加するよりも、機能的で美しいプロポーションをもてば、それで十分ではないか。また山田守の設計した聖橋（一九二七年）は、鉄筋コンクリート造りの放物線アーチを特徴としていたが、一九九二年の美化工事において石造り風の目地がつけられた。しかし、これは素材を偽るだけではなく、古い石造りのデザインから脱却しようとしたモダニズムの建築家の意図も踏みにじっている。

岡田昌彰は、構造物について、緻密な計算にもとづいて造形された工場や橋脚、煙突をテクノスケープと呼ぶ。こうしたモノに対し、美しくつくろうと、花のレリーフを用いたり、丸みをもたせたり、色を鮮やかにしたり、温かな模様を入れるなど「情緒的なカタチ」をとり入れる傾向が増えている。殺風景とされる料金所に切り妻屋根を付加するのも、③同様の発想だろう。岡田は、次のように苦言を呈する。「このようなデザイン手法ばかりだと、次第に残念な固定観念を生み出すことにもなりかねない。つまり、『テクノスケープは冷たくて感じのよくないものだから、温かみをもたせるデザインをいつでもしなければならない』という不本意な常識の発生である」（岡田ほか『テクノスケープ』鹿島出版会、二〇〇三年）。

景観、景観というかけ声は大きくなった。デザインに関わる仕事に携わる筆者も、本当は喜びたい。しかし、その一方で、下北沢に補助五四号線の道路を通すことで、街が分断されるという問題に対しては、景観論からのⓑヨウゴが聞かれない。ごちゃごちゃした街だからだろう。なるほど、「美しい」とは言えない。が、④うがった見方をすれば、現状の下北沢を良いと考えるような視点には、お金がつかないからではないか。

景観法の推進者によれば、電線を地下化したり、看板を撤去したり、デザインのコードを決めるなどは、観光や企業誘致の促進にもつながるという。しかし、表層的な修景だけで良いのか。建て売り住宅やミニ開発を促進する企業、俗悪なロードサイドを生むクルマ中心の社会構造など、ほかに批判すべきものがいくらでもあるだろう。つまり、本気ならば、経済や産業のレベルに関わるし、都市計画のレベルにも食い込む。その結果、ときには便利さなど、何かをあきらめることも要請されるかもしれない。景観が良くなるし、経済振興も誘発するのでは、話ができ過ぎではないか。

しばしばイタリアの街は美しいと言われる。だが、ヴィーナスフォートなどの商業空間のように、西洋風の街並みを日本につくればいいわけではないだろう。ローマに住む建築家の知人が、イタリアではあれもこれもではなく、何かの目的があれば、あきらめることを厭《いと》わないという。日本には、それだけのⓒカクゴがあるのか。イタリアでは、五〇年以上が経過したあらゆる建物は、勝手に壊してはいけないという法律がある。現在、二十世紀半ばの近代建築（倉庫や工場も含む）もⓓガイトウしており、開発や建て替えの障害にもなるだろう。これほど思いきった法律がよく成立したなと不思議に思ったのだが、やはりムッソリーニが制定したものらしい。だが、彼の政権が崩壊した後も、イタリア人はこれを自主的に残している。ヨーロッパで感心するのは、いわゆる古い街並みだけではなく、普通の工場や土木建築物も、きれいなプロポーションをもっていることだ。嘘をつかない、正直なデザインの良さをよく知っている。美しい景観をめざしたとき、ガードレールにお花の絵をペイントしたり、料金所に切り妻屋根をのせたり、膨大な費用がかかる高架道路の埋設工事を推進したりするだけでは、発想が貧弱ではないだろうか。

観光社会学のジョン・アーリは、産業的な文化遺産に関して、「視覚化に重きが置かれることに起因して、⑤文化遺産の歴史が歪められてしまうこと」を批判し、「一切の社会的な経験は取るに足らないものにされ、周辺に追いやられてしまう」と述べている（吉原直樹・大澤善信監訳『場所を消費する』法政大学出版局、二〇〇三年）。日本橋や清渓川《チョンゲチョン》では、保存というよりも、破壊を伴う復元を通じて、歴史の認識が「修正」された。しかも、いずれも過去にⓔソコウする、都市のアイデンティティを求めるプロジェクトとして位置づけられている。また彼によれば、ヒューイソンは「存続していくからこそ危うさをもっているほんものの歴史と、過去のものであってすでに死んでいるものだからこそ安全であるパッケージ化された文化遺産とをはっきり区別している」。ロマンティックに粉飾された「過去の保存が、現在の倒壊を隠蔽している」からだ。
東京でもソウルでも、美しい過去に目を奪われることで、現在、真横で進む巨大開発が生みだす新しい景観がきちんと意識されていない。確かにそこに存在する首都高速が消えるのは想像しやすいし、まだ見ぬ再開発のプロジェクトを思い描くのは難しい。だが、後者を切り離して考えるべきではない。
続いて、社会的な視点から空間史を研究するドロレス・ハイデンの言葉を引用しよう。

「いかなる都市や町においても庶民の過去を守るプロセスは、歴史的かつ文化的であると同時に政治的な選択を伴うプロセスでもある。何を記憶にとどめ、何を保存するのか、その対象の選択はパブリック・ヒストリー、建築保存、環境保全、記念碑的なパブリック・アートの可能性を左右すると同時に、歴史学の根幹に関わるものでもある。しかし、過去を保全しようとするこれらのアプローチは個別に、あるいは互いに矛盾をはらんだまま進められているのが現実である」

（後藤春彦・篠田裕見・佐藤俊郎訳『場所の力』学芸出版社、二〇〇二年）

これを逆に言えば、何を壊すのか、すなわち何を忘却するのかという問題である。特定の場所をめぐる⑥時間の戦争なのだ。
ベルリンでは、旧共和国宮殿の解体をめぐって論争が起きている。東ドイツ時代の共和国宮殿を保存するか、それ以前に存在したベルリン王宮を復元するか、という選択肢である。首都高速と清渓川の場合、既存の道路の解体を選んだ。しかし、それはクリックするだけで、画面から消去するような記号的な操作ではない。経済成長期の時代の記憶がこびりつき、まわりの都市形成の歴史にも関与しているからだ。にわかに伝統が喧伝《けんでん》されるときは、最近の昭和三〇年代ブームのように、⑦脱臭化された過去が捏造《ねつぞう》されるかもしれない。ノスタルジーの夢に酔いしれ、貧困だった当時の現実を忘却していく。ハイデンは、マイノリティの歴史がほとんど残らないことを批判している。ソウルでも、清渓川を復元しながら、庶民の生活の記憶は抹消された。日本橋でも、地元の人間が唱えてきた首都高速の移設が国家的プロジェクトとして浮上し、結果的には周辺の再開発を促進し、住民を追いだすという逆説的な状況が起きるかもしれない。

ある時期を意図的に特化して他を排除するのではなく、重層的な歴史の現実を受け入れること。それこそが豊かな景観を生みだすのではないか。これは景観の相対主義かもしれない。ただし、日本橋は、どちらも良いのではなく、むしろ首都高速の方がすぐれているから残すべきなのだ。景観論では、電線も批判される。もちろん、これをなくせばいい街もあるが、多くの場合は決定的に景観を変えるとは思えない。伊藤滋は、「ファーストフードとドラッグストア、電器店の広告旗が取り払われるだけで、昔ながらの親しみを感じさせる地元商店街がよみがえる」という(『日本の論点２００６』)。電線がなくなれば、住宅街の活気も復活するのだろうか。地方の商店街の場合は、むしろ自動車社会やメガストアの進出と密接に絡む。

なるほど、いったん法律として制度化すると、グレーゾーンを対処しにくいから、一律に適用する方向にならざるをえない。しかし、それぞれの場所において、個々の要素が有機的に関連し、生活が営まれ、総体として景観は形成される。ゆえに、特定の部位を除去すれば、単純に良くなるわけではない。一九六六年、前川國男は、以下のように美観論者を批判している。「ロンドン、パリはもはや東京の規範とはなり得ない。シャンゼリゼー二キロのアヴェニューは、ツーリストと自動車の町でパリジャンの生活は、とうにもぬけの殻の純然たる歴史的記念物であり観光資源であり、したがって真の都市美はこの地を去ってしまった」、と。そこで営まれている住民の生活がないからだ。
（五十嵐太郎『美しい都市・醜い都市』による）

問一　二重傍線部ⓐ～ⓔの漢字と同じ漢字を含むものを、次の各項の中からそれぞれ選び、その番号をマークせよ。

[1] ⓐ
1　画壇のキョショウ
2　平安時代のショウゾク
3　時期ショウソウ
4　家族のショウゾウ

[2] ⓑ
1　ショウ末節
2　自然科学のヨウラン期
3　ヨウリョウの悪い人
4　恋人をホウヨウする

[3] ⓒ
1　兄弟間のカクシツ
2　悪事をカクサクする
3　カクチョウの高い文章
4　前後フカクに陥る

[4] ⓓ
1　トウザをしのぐ
2　資産をトウケツする
3　クントウのたまもの
4　スイトウ帳をつける

[5] ⓔ
1　敵をソゲキする
2　流派のシソ
3　カソの村
4　鮭がソジョウする川

問二　傍線部①の例として、適切でないものを次の中から一つ選び、その番号をマークせよ。

[6]
1　電線を地下に埋設して美しい街並みを作り出そうとする
2　看板や広告旗を取り払って観光や企業誘致に繋げようとする

3　日本橋の伝統を守ろうと首都高速の移設計画を立てる
4　沿道の俗悪さの原因であるクルマ社会からの脱却を図る

問三　傍線部②の理由として、最も適切なものを次の中から選び、その番号をマークせよ。 7
1　風景にそぐわない余計な機能を加えているから
2　不必要なデザインで機能性を損なっているから
3　景観法の目的を視覚的に説明し過ぎているから
4　伝統や地域性に対する捉え方が表層的だから

問四　傍線部③の説明として、最も適切なものを次の中から選び、その番号をマークせよ。 8
1　テクノロジーと人間の融和的共存を目指そうという発想
2　無機質で機能的な造形に情趣を付加しようという発想
3　機能性を度外視して温かな雰囲気を演出しようとする発想
4　技術的精巧さよりも芸術的な感興を重視しようとする発想

問五　傍線部④の語義として、最も適切なものを次の中から選び、その番号をマークせよ。 9
1　本心が露わになる見方
2　本質を突くような見方

3　苦笑を誘うような見方
4　意地悪くひねくれた見方

問六　傍線部⑤の説明として、適切でないものを次の中から一つ選び、その番号をマークせよ。 10
1　歴史性を取り除かれた文化遺産が、生きた歴史の現実を覆い隠すことがある
2　美しい過去に目を奪われるあまり現在や未来といった視点が欠けることがある
3　過去の負の歴史を隠蔽する目的で虚偽の歴史を都合よく捏造することがある
4　過去の歴史を復元するという名目のもとで現在の破壊を推し進めることがある

問七　傍線部⑥の説明として、最も適切なものを次の中から選び、その番号をマークせよ。 11
1　どの時代に特化して記憶していくのかをめぐる争い
2　負の歴史が忘却されていくのに抗おうとする戦い
3　解体と復元とどちらを優先すべきかという論争
4　完全に忘却されるまでの時間を稼ぐための抗い

問八　傍線部⑦の説明として、最も適切なものを次の中から選び、その番号をマークせよ。 12
1　生々しい現実を美化した過去
2　感傷的な気分を排除した過去

3　粉飾を施され修正された過去
4　一流行として消費される過去

13
問九　本文の内容と合致しないものを、次の中から一つ選び、その番号をマークせよ。
1　独裁者が制定した法律であってもそれが妥当であるならば今でも維持されるに越したことはない
2　伝統からの脱却を図ろうとしたモダニズム建築の意図に反して伝統を装った美化を施した例もある
3　西洋に比較して日本は古い建築を保存せずに経済を優先してばかりいる点が批判されるべきである
4　景観論者は要素が有機的に絡んだ生活の総体としての景観を考えずに表層的な修景に走っている

〔二〕　次の文章を読んで、後の問いに答えよ。解答番号は〔二〕の 1 から 8 までとする。

十日、昼つけて東宮に参りたれば、ア殊に人少ななり。廂《ひさし》にて打ち声作れば、やがて出でさせⓐおはしまして、「イ今年はいまだ郭公《ほととぎす》こそ聞かね。誰か聞きたる」と御尋ねあれば、御供に候ふ女房たちも、いまだ聞かぬ由申さる。「いづくに鳴くとだにいまだ承り及ばず。その所を定め、人数を分ちて、ウ初音の勝負をし侍らばや」と申し出だしたれば、「実《まこと》に興あるべきことなり。エ院の御方に申し合せて、定めん」とて、やがてあの御方へなりぬ。とばかりありて、宰相の局にて、①実にさるべきことなりとて、左右の人数を分ちて、左方の※奉行は綾小路三位、右は催すべき由承る。（中略）左方の所は右近の馬場《うまば》、右は東山なるべしと定められぬ。すなはち、右の人々に、この由を相触《あひふ》る。

十二日、雨降る。昼程に晴れぬ。今日御幸なり。やがて勝負あるべしとて、人数みな集る。申の半らばかりに、右方の人々この家に来たり集る。女房車一両、証人のために左の高内侍《こうのないし》乗り具す。この車には康能《やすよし》朝臣、証人の左、信有あり。一両には長相《ながすけ》・頼成、資行《すけゆき》朝臣はこなたの証人にて、御幸の御供す。まづかねて右方相談義するやう、「もし一声も聞かで帰りたらんこと、念なかるべし。たとひ後に顕《あらは》るるとも、一旦論じたらんは、遥かに興ありなん」とて、作り郭公を用意す。みな人々の供の者どもに吹かせて、これを選ぶに、供にある雑色男《ざうしきをとこ》優れて、かねて山に設けさす。さて鷲の尾へとて遣り続くるに、祇園林にて、やがて鳴きぬ。人々喜び 4 に、左方の人々すべて言葉なし。「やがてはや聞きたる由の歌詠め。追ひつかせて、御幸に申させん」と康能頻《しき》りに申せど、「よからぬことはなかなかなるべし」と申せば、げにもとて、事の由ばかりを使にて申す。これより帰るべきことにあらねばとて、猶《なほ》鷲の尾へ行くに、ここにてもなほ復ち返り鳴く。これをば知らで、かねてより設けたる男や作りごとせんずらん。さらばまことも汚れぬべしとて、者どもを山へ走らするさま、いとをかし。
（中略）
十三日、巳の時ばかりに、北山殿よりとて兼行朝臣の文あり。見れば、詞はなくて、
尋ね来し山の峡《かひ》とて郭公人より前《さき》の初音をぞ聞く
返し、
この里にふりにし音をや時鳥《ほととぎす》山の峡とて今朝は聞くらん

（飛鳥井雅有『春の深山路』による）

※奉行……主君の命を受けて、責任者として行事を執り行う人

※今日御幸なり……前々から、「院の御方」はこの日に「北山殿」に出掛ける予定になっていた
※鷲の尾……東山方面にある地域

1

問一　二重傍線部ⓐ～ⓓのうち他と働きの異なるものを次の中から一つ選び、その番号をマークせよ。
1　ⓐ　出でさせおはしまして
2　ⓑ　吹かせて
3　ⓒ　設けさす
4　ⓓ　申させん

2

問二　傍線部①は何について述べた言葉か。最も適切なものを波線部ア～エの中から選び、その番号をマークせよ。
1　ア　殊に人少ななり
2　イ　今年はいまだ郭公こそ聞かね
3　ウ　初音の勝負をし侍らばや
4　エ　院の御方に申し合せて、定めん

3

問三　傍線部②の内容に関する説明として、適切でないものを次の中から一つ選び、その番号をマークせよ。
1　ほととぎすの初音を聞かずに帰っても心残りはないはずだと考えた
2　催しの感興を優先し、後に偽物を投じたことがばれてもよいとした
3　相談した結果偽のほととぎす役を右方の供の者から選ぶことにした
4　巧妙にほととぎすの声を作り出す男を予め山に潜ませることにした

4 問四 空欄 4 に入る言葉として、最も適切なものを次の中から選び、その番号をマークせよ。
1 しづまる　2 きこゆる　3 ののしる　4 たまへる

5 問五 傍線部③の説明として、最も適切なものを次の中から選び、その番号をマークせよ。
1 こんなにもあっさり偽物だと分かってしまう事はなかなかないに違いない
2 偽物を使って相手をだまそうなどと悪事を企むのは随分とうまいものだな
3 相手にとって有利になりかねないことを敢えて言うのはよくないだろう
4 偽物が鳴いたかもしれないのにそれで歌を詠むのはかえってまずいだろう

6 問六 傍線部④の理由として、最も適切なものを次の中から選び、その番号をマークせよ。
1 鶯の尾でもなおくり返し鳴き続ける偽物の声にうんざりしたから
2 本物に対抗して偽の鳴声を作り続ける男を止めねばならないから
3 早く偽物を隠さないとせっかくの勝利にけちが付きかねないから
4 偽物を止めぬかぎり本物が鳴いても嘘っぽく聞こえてしまうから

7 問七 傍線部⑤の意味内容として、最も適切なものを次の中から選び、その番号をマークせよ。
1 こちらの里では聞き慣れたほととぎすの鳴声ですが、山の峡を訪れた甲斐あってそちらでは今朝やっと初音を聞いて

いるのでしょう
2　麓の里では古めかしく聞こえていたほととぎすの鳴声ですが、山の峡に来た甲斐あって今朝はここでも初音を聞けることでしょう
3　里の辺りでは降るように盛んなほととぎすの鳴声ですが、山の峡に辿り着いた甲斐あって今朝は山で初音を聞いておいででしょうか
4　この里では聞き古したほととぎすの鳴声ですが、山の峡に来た甲斐があったとしても今朝は山で初音を聞けるとは思えないのです

8
問八　本文の内容として、適切でないものを次の中から一つ選び、その番号をマークせよ。
1　初音の勝負をしようという筆者の発案を、東宮も院も時宜にかなった趣向であると面白がった
2　左方の取り仕切り役となった筆者の車には、初音の真偽の証人となる右方の人物が同乗した
3　本物のほととぎすが予想外にすぐ鳴いたので、作り物の初音の策を秘かに講じた面々は慌てた
4　勝負の翌日になってもなお、初音を先に聞いたのは自分の方だと左右とも歌で張り合っていた

〔三〕 次の文章を読んで、後の問いに答えよ。解答番号は〔三〕の 1 から 8 までとする。

図書館のエントランスを通りホールに立とうとする時、顔の前を通り過ぎる微かな風に匂いを感じる。図書館の匂いである。その匂いを、人によっては「かび臭い」と言うかもしれないし、大げさな人になると「歴史の匂い」と表現するかもしれない。匂いに誘われて、ふと視線を上げてみると、恐ろしく濃密な知の断面が口を開けていることを思い知らされる。

僕はこれまで図書館を通じて、視覚に依存した知の秩序について解読してきた。ところが、図書館に入ると、僕はなぜかこの匂いが気になって仕方がない。僕にとって、図書館は①「読む場所」である以前に、「感じる場所」なのである。図書館には感じることを誘導するような「場所の感覚」というものがある。

匂いに導かれた僕の図書館に対する想像力は、僕自身に備わった知の秩序を、無力にして、変転させてしまう。例えば、こんな具合だ。僕は単なる一個の生命体だからいずれ死んでしまう。でも、図書館は生き続けるのだ、と。そんな図書館をめぐる僕の想いを、アルゼンチンの作家ホルヘ＝ルイス・ボルヘスは、「バベルの図書館」という作品の中で、次のように代弁してくれている。


世界は有限であると判断する者たちは、遠く離れた場所では、回廊や、階段や、六角形などがおもいがけず消えている——これは不合理なことだ——と仮定する。世界には限界がないと想像する者たちは、本の数はかぎられていることを忘れる。古くからのこの問題について、わたしはあえて以下の解答を提案したい。図書館は無限であり周期的である。どの方向でもよい、永遠の旅人がそこを横切ったとすると、彼は数世紀後に、おなじ書物がおなじ無秩序でくり返し現れることを確認するだろう（くり返されれば、無秩序も秩序に、「秩序」そのものになるはずだ）。この粋な希望のおかげで、わたしの孤独も華やぐのである。


バベルとは古代マケドニアの都であり、バベルの塔とは旧約聖書にある伝説の未完成の塔である。長く用いられている比喩として、人は実現できそうにもない空想的な計画を「バベルの塔」と呼ぶ。でも、ボルヘスはあえて「バベルの図書館」を描いている。とすれば、「バベルの図書館」とは、どのような想像力なのだろうか。

ボルヘスにとって、②図書館はそれ自体で意味や価値を完結してしまう空間ではない。「生と死」あるいは「歴史」といった時間の感覚を超えて、僕たちに固定した「空間の認識」を許さない、より潜在的な力を与えてくれる空間である。ボルヘスは、それを「粋な希望」と呼んでいるわけだ。「粋な希望」。それこそが、「永遠の旅人」が旅を続ける動機になるのだ。ある意味で、歴史を駆動してきた思想の巨人たちは、図書館にたどり着くと、そのダイナミズムを失ってしまう。③図書館は、巨人たちを土着させてしまうのだ。ところが、巨人たちが個々の生命を失ったとしても、何らかの形で「粋な希望」は、図書館の地層に堆積していく。

ボルヘスの「粋な希望」は、図書館という閉域で実感することでありながら、常に僕たちが実感する時間や空間を超えてしまうような想像力なのだ。

「個人」は死ぬが、「永遠の旅人」は死ぬことなく、「粋な希望」は消えることはない。「バベルの図書館」は、有限と無限の境界を引き受けている存在として語られている。ここで考慮されていることは、（ユークリッド）幾何学で「有限」を理解しようとしてきた「科学的なるもの」である。さらに、「無限」は神の大きく豊かなスケールを盲信する神秘に精神を委ねることを意味している。

確かに、図書館を「有限」と「無限」の境界を引き受けた存在として考えることもできる。「有限」は僕たちの行動や知覚あるいは思考が習慣化した場であり、「無限」は僕たちのような生命体に知覚や記述を許さない「粋な希望」である。「有限」と「無限」とが相互に作用しあう境界上で発生する「事件」。これを、僕たちは「記憶」と呼ぶのだ。

記憶術というのは、古くから〈わたし〉と〈他者〉との関係を媒介する方法論であった。記録とは、その記憶を遡及する欲望の形態である。それゆえ、「記録」をめぐる手法は常にその時代を象徴する一つのテクノロジーであった。記録は、④人々の記憶を「かたちあるもの」として表現するためのテクノロジーであり続けてきた。ロゴス（言語表現）を用いて「書くこと」は、「かたちあるもの」として表現するための最も代表的なテクノロジーなのだ。

〈わたし〉と〈他者〉との関係を表現する形態の中で、対話はたぶん歴史上、最も古いロゴス（言語表現）だと僕は思う。書物や図書館など問題にならないほどの古くて豊かな表現力をもっている。

旧約聖書には、〈わたし〉と〈他者〉という関係が発明された経緯が語られている。中沢新一は、〈わたし〉と〈他者〉という関係が神とユダヤ人との「対話」によって始まったとしている。神とユダヤ人との「対話」が始まった瞬間に、〈わたし〉と〈他者〉との「関係」が定義されたのである。絶対という「関係」が定義されると、世界に意味が与えられる。「対話」によって、意味が動き始めるのだ。

プラトンはそのような「関係」と「対話」を重視した。書物に問いかけても何も応答がないので、プラトンは神とユダヤ人がおこなった対話を採用することにした。⑤プラトンにとって、〈わたし〉は、プラトン自身ではない。ソクラテスはもとより、神になり変わることもできるのだ。対話の中でプラトンが送り出すロゴスは、ソクラテスになったり神になったりしながら生き続けることになったのだ。

論語やピュタゴラス学派でも、「対話」が重視されている。彼らが殺し文句のように用いる「師曰《いわ》く」という枕詞は、師の言葉に服従することを強制しているわけではない。対話を通じて、「師の言葉」を発展させる自由が用意されていることを表明しているのだ。

対話は、「粋な希望」なのである。「有限」としての資料は記述の体系に依存し知覚からは自由であるが、「無限」としての欲望や想像力は記述の体系から自由になるにつれて、僕たちが持つ知覚の波にさらされ、「 6 」のように漂うことになる。この「有限」と「無限」との間の相互作用によって、僕たちは「粋な希望」である対話を実感するのだ。

モリス・バーマンによれば、一九世紀のユダヤ人社会の一部には「蜜の文字」と呼ばれる儀礼があったという。学校に上がった子供たちは、一枚の石板を与えられ、それをノートとして読み書きを学習する。そして、最初の授業では、石板に蜜でヘブライ語のアルファベットの最初の二文字アレフとベートが書かれ、それをこれから文字を学ぼうとする子供たちになめさせたという。文字通り「知識は甘美である」というメッセージを学ぶのである。

石板は論理的なヘブライ語の ア文法や語彙を学ぶための道具であり、学習によって社会に参加することの「お札」となる。つまり、蜜の文字をなめることは、文字の学習によって イ社会的な規約《プロトコル》を学ぶと同時に、 ウ甘美なアウラを学ぶことを象徴しているわけだ。ヘブライ語は擬音語の多い詩的な言語であるが、この官能的な儀式はヘブライ語という エ詩的な言語の使い方を学ぶだけでなく、「他者（文字）」を身体に入れることによって、他者が自己と織り合うことを学ぶのだ。さらには、未知なる他者によって自己が変わっていくことの危うさと切なさを学ぶのである。「 7 」ことは、「粋な希望」を学習する一つの方法なのである。


（桂英史『インタラクティヴ・マインド』による。ただし、見出しを省略した）

問一　傍線部①はどういうことか。最も適切なものを次の中から選び、その番号をマークせよ。 1
1　本を手にして閲覧席に座る前に匂いを感じとることが習慣になっている場所だということ
2　資料を学術的に調査するよりも知識を身体的に感受することこそ大切な場所だということ
3　知の秩序を解読する以上に自身に備わった知の秩序が感覚的に変転する場所だということ
4　本を読む以前に五感を働かせて空間的な感覚を研ぎ澄ますことが重要な場所だということ

問二　傍線部②はどういうことか。最も適切なものを次の中から選び、その番号をマークせよ。 2
1　図書館は他の関連施設との連携を図ることによって機能する空間だということ
2　図書館は固定した空間ではないために生命体が認識するのは困難だということ
3　図書館は閉じられた空間が全てではなく開放的な意味や価値を含むということ
4　図書館は日常的に実感される時間や空間の感覚を超えて生き続けるということ

問三　傍線部③はどういうことか。最も適切なものを次の中から選び、その番号をマークせよ。 3
1　歴史を駆動した世界的に著名な思想家たちも広大な図書館のなかではローカルな存在になるということ
2　巨大な存在として歴史を変えた思想家たちの著作も図書館の環境においては色あせて見えるということ
3　偉大な功績を残した歴史上の思想家たちも図書館に著作が収められる頃には亡くなっているということ
4　歴史を動かした思想家たちの著作も図書館で整序されると価値や評価が定まり変化を止めるということ

問四　傍線部④にあてはまらないものを、次の中から一つ選び、その番号をマークせよ。［4］
1　印刷　2　劇場　3　写真　4　情報

問五　傍線部⑤はどういうことか。最も適切なものを次の中から選び、その番号をマークせよ。［5］
1　プラトンはソクラテスや神になりかわって生き続けるために〈わたし〉という語り手を仮構しているということ
2　〈わたし〉の言語表現はプラトン自身に帰属するのではなく〈他者〉との対話を通して開かれているということ
3　プラトンは〈わたし〉と〈他者〉という関係を重視することによって自身を変容させようとしているということ
4　〈他者〉との関係を通してプラトンの人格がさまざまに変転していく過程の言語表現が〈わたし〉だということ

問六　空欄［6］に入る言葉として、最も適切なものを次の中から選び、その番号をマークせよ。［6］
1　図書館の匂い
2　永遠の旅人
3　バベルの塔
4　ユダヤ人

問七　空欄［7］に入る言葉として、最も適切なものを波線部ア〜エの中から選び、その番号をマークせよ。［7］
1　ア　文法や語彙を学ぶ

2　イ　社会的な規約《プロトコル》を学ぶ
3　ウ　甘美なアウラを学ぶ
4　エ　詩的な言語の使い方を学ぶ

問八　本文の内容と合致しないものを、次の中から一つ選び、その番号をマークせよ。 8
1　ボルヘスは図書館が「無限であり周期的である」ことを「粋な希望」と呼んだ
2　「有限」と「無限」とが相互に作用しあう境界上で「粋な希望」は実感される
3　著者が死んでしまった後でも書物に記された「粋な希望」は消えることがない
4　「対話」というロゴスは自己と他者との関係を媒介する「粋な希望」である

一月二十八日実施分

解　答

一

出典　五十嵐太郎『美しい都市・醜い都市―現代景観論』〈5章　テーマパーク化する都市〉（中公新書ラクレ）

解答

問一　ⓐ―1　ⓑ―4　ⓒ―4　ⓓ―1　ⓔ―4
問二　4
問三　4
問四　2
問五　2
問六　3
問七　1
問八　1
問九　3

解説

問二　「美しい国づくり」という方針のもと、「経済優先の開発からすぐれた景観へ」方向転換された。この運動に対して、筆者は傍線部②にあるとおり批判的である。第五段落にあるように「電線を地下化したり、看板を撤去したり」といった「表層的な修景」であり、「俗悪なロードサイドを生むクルマ中心の社会構造など」への批判を欠いた運動であると筆者は考えている。したがって、4が正解。3の内容は、傍線部⑤を含む段落以降に挙げられている。

問三　国による「『美しい』景観」の例として挙げられた高速道路の料金所の切り妻屋根の採用を「筆者」が美しいとは思えないと述べる理由を考える。それは、最終段落にある通り、「それぞれの場所において、個々の要素が有機的に関連し、生活が営まれ、総体として景観は形成される」のに、「『美しい』景観」はそれをないがしろにしているからである。よって、4が正解。1、「余計な機能を加えている」が誤り。2、「機能性を損なっている」が誤り。3は、料金所の例が「説明し過ぎている」との記載は本文中になく、またこれが美しいとは思えない理由でもないため、誤り。
問四　傍線部③を含む段落にある、「岡田昌彰」の論をまとめる。つまり、「緻密な計算にもとづいて造形された」「テクノスケープ」に対して、「美しくつくろうと、……『情緒的なカタチ』をとり入れる」ような考えである。したがって、2が正解。
問六　産業的な文化遺産が「視覚化に重きが置かれること」により「歴史が歪められてしまう」ことについて、「一切の社会的な経験」が「周辺に追いやられてしまう」とある。また、この段落の最終文に、「ロマンティックに粉飾された『過去の保存が、現在の倒壊を隠蔽している』」とも述べられている。したがって、1、2の内容は適切。また、傍線部⑦を含む文では、「伝統が喧伝されるときは、……脱臭化された過去が捏造され」うるとあり、4の内容はこれに一致。3は、「過去の負の歴史を隠蔽する目的で」とあるが、「目的」とまでは述べていないため、これが正解。
問七　傍線部⑥の直前に、「何を忘却するのかという問題」とある。直後に挙げられた例では、「東ドイツ時代の共和国宮殿を保存するか、それ以前に存在したベルリン王宮を復元するか、という選択肢である」と、どの時代の宮殿を保存・復元するか、言い換えれば、どの時代を記憶し、どの時代を忘却するのかをめぐって論争が起きている。したがって、1が正解。
問八　傍線部⑦の直後にあるように、「脱臭化された過去」とは、「ノスタルジーの夢に酔いしれ、貧困だった当時の現実を忘却」し、捏造されたものである。また、直後には、「マイノリティの歴史がほとんど残らない」「庶民の生活の記憶は抹消された」とある。つまり、当時の否定的な現実に目を向けず、美しいものとして造り上げられた過去が「脱臭化された過去」なのであり、したがって、1が正解。
問九　1、第六段落にあるイタリアの法律の具体例に合致する。独裁者が制定した法律でも、イタリア人は自主的に残していると述べられている。2、第二段落の「山田守の設計した聖橋」への「美化工事」の例の内容に合致。3、「日本は古い建築を保存せずに経済を優先してばかりいる」は本文に記述がなく、また、「経済優先の開発」から方向転換したという第一段落の内容とも矛盾するため、これが正解。4、最終段落に「それぞれの場所において、個々の要素が有機的に関連し、生活が営まれ、総体として景観は形成される」とあり、景観論はこれをないがしろにするものだという本文の主張に合致。

二

出典　飛鳥井雅有『春の深山路』〈四月〉

解答

問一　1
問二　3
問三　1
問四　3
問五　4
問六　4
問七　1
問八　2

解説

問一　使役・尊敬の助動詞「す・さす」の意味を検討する。ⓐは、「東宮」が主語であり、尊敬の意味である。一方で、ⓑは「供の者ども」、ⓒは「雑色男」、ⓓは従者に対する使役の意味で用いている。また、ⓑ、ⓒ、ⓓはそれぞれ下に尊敬語がないことからも使役と判断できる。したがって、1が正解。
問二　傍線部①は〝本当にもっともなことだ〟の意。直後に、「左右」にチームを分け、「奉行」を決定するなど、勝負の準備をしていることから、傍線部①は波線部ウの「初音の勝負をし侍らばや」（＝初音の勝負をしたいです）について言ったものだとわかる。したがって、3が正解。
問三　直後に、「もし一声も……（＝もし一声も聞かないで帰ったならば、残念なはずだ。たとえ後に（偽のほととぎすだと）露見するとしても、一度（ほととぎすの声について）論じたならば、遙かに面白いだろう）」とあり、ばれてもよいとの考えのもと、偽のほととぎすを用意したことがわかる。そして、「人々の供の者ども」の中からほととぎすの声が上手だった「供にある雑色男」を山に配置したのである。したがって、「心残りはないはずだ」とする1が適切でなく、正解である。
問四　右方の場所として定められた東山（にある鷲の尾）で、ほととぎすの初音を聞いたときの右方の人々の反応が入る。「左方の人々すべて言葉なし」とあるのに対比されるのは、〝大騒ぎする〟という意味の3「ののしる」である。
問五　「よからぬこと」は〝良くないこと〟の意。この場合、「作り郭公」を配置したことを指す。「なかなかなる（なかなかなり）」は〝かえってよくない〟の意。これは、直前の「（ほととぎすの初音を）聞きたる由の歌詠め」に対する言葉で、直後に「事の由ばかりを使にて申す」とあることからも、歌を詠むのは控えようとする意であることがわかる。したがって、4が正解。
問六　傍線部④の前行に、「猶鷲の尾へ行くに、ここにてもなほ復ち返り鳴く」とある。これは「かねてより設けたる男」による偽物のほととぎすの声である。このことから、祇園林で聞いた声が本物だと皆が知るのである。そして、「さらばまことも汚れぬべし」、つまり、本物のほととぎすが鳴いたことを知らないまま、「設けたる男」が偽物の声で鳴くならば、真実（＝本物のほととぎすの声）も汚れてしまうだろうと考え、男の声まねを止めに行かせたのである。
4が正解。
問七　兼行朝臣からの歌は、〝山の峡を訪ねてきた甲斐といってほととぎすは鳴いてくれたので、人（＝右方のあなた）より先に初音を聞けたことです〟の意。傍線部⑤は、これに対する返歌である。「ふり（ふる）」は、〝古くなる〟の意で、「ふりにし」で〝古くなった〟の意。つまり、「この里」ではもっと前に初音が聞けたことを言っている。文末「らん（らむ）」は現在推量の助動詞で、目に見えていないことを推量する意を表す。つまり、筆者は「この里」にいて、兼行がいる「山の峡」は見えておらず、そこではほととぎすの声を今朝やっと聞いているのだろうと言うのである。1が正解。2は、「ここでも初音を聞ける」が誤り。3は、「降るように盛んな」が誤り。4は、「思えないのです」が誤り。
問八　1、波線部エを含む東宮の発言と、傍線部①の院の御方の言動と合致。2、傍線部①を含む一文に「右は催すべき由承る」とあるとおり、筆者は右方の取り仕切り役である。さらに第二段落に、車には「証人のために左の高内侍乗り具す」とあるのにも矛盾するため、これが正解。3、第二段落後半の内容に一致する。4、問七で確認したとおり、兼行も筆者も自分が先に聞いたという歌を詠んでいる。なお、兼行が左方であるという記述は本文にないが、右方の人物中にその名前がなく、また、ほととぎすの声をどちらが先に聞いたかを競っていることを表す和歌を、筆者に詠みかけていることから推測する。

三

出典　桂英史『インタラクティヴ・マインド―近代図書館からコンピュータ・ネットワークへ』〈14　インタラクティヴ・マインド〉（エヌティティ出版）

解答

問一　3
問二　4
問三　4
問四　4
問五　2
問六　1
問七　3
問八　3

解説

問一　「読む場所」と「感じる場所」の違いを本文から読み取る。前者については、第二段落第一文に「視覚に依存した知の秩序について解読してきた」とある。後者については、第三段落第一文に、「匂いに導かれた……想像力は、僕自身に備わった知の秩序を、無力にして、変転させてしまう」とある。したがって、3が正解。
問二　傍線部②の直後に、「時間の感覚を超えて、僕たちに固定した『空間の認識』を許さない、より潜在的な力を与えてくれる空間」とあるように、図書館は「常に僕たちが実感する時間や空間を超えてしまうような想像力」（第七段落）を与えてくれるのである。したがって、4が正解。
問三　傍線部③の直前に、「歴史を駆動してきた思想の巨人たちは、図書館にたどり着くと、そのダイナミズムを失ってしまう」とある。直後にはこれと対比される形で、「何らかの形で『粋な希望』は、……堆積していく」とある。この対比をもとに考えると、「図書館にたどり着く」ことで、「土着」してしまうのは、問一で確認した通り、読むことによる「視覚に依存した知の秩序」、つまり、著作の「意味や価値」である。したがって、4が正解。
問四　「人々の記憶を『かたちあるもの』として表現するためのテクノロジー」の具体例として適切でないものを選ぶ問

題。選択肢の中で、実際に「かたちあるもの」になっていないのは、4「情報」である。したがって、これが正解。1・2・3は、実際に物質として、あるいは人の動作として「かたち」を有し、「時代を象徴する一つのテクノロジー」と言えるものである。
問五　傍線部⑤を含む段落の前の段落に、「対話」により「〈わたし〉と〈他者〉との『関係』が定義された」とあり、傍線部⑤の二文後に「対話の中でプラトンが送り出すロゴスは、ソクラテスになったり神になったりしながら生き続けることになった」とある。したがって、これらを押さえている2が正解。1、「ソクラテスや神になりかわって生き続けるために」〈わたし〉を仮構しているのではなく、〈他者〉との関係で〈わたし〉が定義される。3に「自身を変容」、4に「人格がさまざまに変転」とあるが、「プラトンが送り出すロゴス」がさまざまな人のロゴスとなりうるということであり、誤り。
問六　空欄6は「『無限』としての欲望や想像力は……知覚の波にさらされ、」につながる。「対話」を通して、人は普段実感することができない「無限」を「知覚」できるのである。筆者にとって、それは問一で確認したように「図書館の匂い」と同種のものである。したがって、1が正解。
問七　ア「文法や語彙を学ぶ」ことは、イ「社会的な規約」とウ「甘美なアウラ」を学ぶことを、さらに、エ「詩的な言語の使い方」と「他者が自己と織り合うこと」を学ぶことを象徴している。そのように文脈をたどると、イはエと、ウは「他者が自己と織り合うこと」と、それぞれつながっていると読める。さらに、「他者が自己と……」は「未知なる……学ぶ」ことにつながっており、その内容を、空欄7が含まれる一文でまとめている。したがって、3が正解。
問八　1、第三段落のボルヘスの引用と合致。2、第七段落の内容や、第十五段落の最後の一文の内容に合致。3、「書物に記された『粋な希望』」とあるが、「粋な希望」は第九段落にあるとおり「生命体に知覚や記述を許さない」ものである。したがって、これが本文と矛盾するため正解。4、第十一段落から第十五段落の内容に合致。

二月十一日実施分

問　題

（六〇分）

〔一〕　次の文章を読んで、後の問いに答えよ。解答番号は〔一〕の 1 から 13 までとする。

かつてミシェル・フーコーは『言葉と物』のなかで、『ドン・キホーテ』を「近代の最初の作品」であると呼び、この長篇小説をもって言語活動が、類似という物との古い近縁関係を断絶して、記号と記号だけからなる厚みのない関係に参入することになると説いた。だがわたしの『ドン・キホーテ』観はいささか彼とは異なっている。零落を重ねたセルバンテスがⓐロウキョウにいたって執筆したこの長篇小説は、近代という新しい時代の到来を告知するものではなく、①厳粛にして抑圧的な現在にあって、はるか過去に実在していた寛容さの喪失を嘆き、それを声低く行間に語らせる作品であるように思われる。その過去とは何か。端的にいってそれは、後ウマイヤ朝のもとにスペインが文化的に殷賑《いんしん》を極めた時代であり、イスラム教徒とユダヤ教徒、キリスト教徒が平然と同じ都市に居住して、信仰の自由を保証されていた時代のことである。

だが同時にこの長篇小説は、②近代をも通り越したものをもっている。西欧近代において長篇小説は、社会を透明に表象することを目的とし、またそれを無邪気に信じることのできる者によって書かれ、また読まれてきた。しかし『ドン・キホーテ』は、かかる文学ジャンルが十九世紀から二十世紀にわたって盛行を極めたあと、しだいに失調の徴を帯びていったその先にある文学を、ヴィジョンとして指し示しているように思われる。表現を変えるならば、それはフーコーのいうように近代を最初に告げる作品というよりも、むしろ近代という観念が燃え崩れてしまったあとに現われる、いまだ書かれざるテクストの地平を予言しているのだ。

そもそも近代にあって（そして現在もなお）われわれが約束ごととして了解していたのは、小説家とは社会にあるさまざまな形象や事件を素材として、それを物語的に表象することで作品を執筆していく者であり、翻訳家とはその作品を忠実に解釈し、それを他言語に移植することを任務とする者であるという考えであった。セルバンテスが差し出しているのは、こうした通念の否定である。彼はテクストのなかで、言述を行なうことは、それに先立って存在するテクストのパランプセスト、重ね書きにすぎないと主張する。作家がペンを執るとき、彼は知ってか知らずかすでに書かれている物語をなぞっているにすぎないのであって、創作とはおのずから翻案であり再話である。この認識に立ったとき、作品とその翻訳とを隔てる壁は本質的に消滅する。『ドン・キホーテ』が独自であるのは、このシステムそのものを作品の構造的虚構として提示してみせたことだ。やがて十九世紀にいたったとき、フロベールが大胆にも「無に基づく書物」を執筆することの夢を語るだろう。だがセルバンテスはそれに二世紀半も先立って、③無に基づく翻訳を作品として提出してみせた。あらゆる時代の文学は、その起源をあとから創造する。そう宣言するボルヘスの顰《ひそみ》に倣うならば、メタフィクションの作家たちは、『ドン・キホーテ』にみずからの起源を発見したということができる。
④あの憂い顔の狂気の騎士の物語を執筆したのは、はたして誰だったのか。『ドン・キホーテ』前篇第九章には、セルバンテスと思しき語り手（これは巧みな韜晦《とうかい》である）がその草稿を偶然に発見した過程が、いかにもまことしやかに語られている。仮にそれを信じるとすれば、あるときトレドのアルカナ商店街を散策していた語り手は、偶然のことから一人の少年が絹商人のところに何冊ものノートと古い紙束をもちこんで売ろうとしているところに遭遇した。興味を感じてそれを手にしてみると、

テクストはアラビア語で書かれていた。興味をもった語り手はそこでアラビア語に通じたモーロ人を見つけて、翻訳を頼もうとしたが、トレドは便利な都で、「それどころかアラビア語よりももっと優れた、もっと古い言語の通訳を探すことさえできた」。ちなみにその言語とはヘブライ語のことであり、このもって回った表現は、『ドン・キホーテ』が刊行された十七世紀初頭のスペインが、もはや過去の宗教的寛容を忘れ、異端審問に明け暮れる、反ユダヤ主義の恐怖国家と化していたことを示している。「ユダヤ人」と直接に書くことが慮《おもんばか》られたのだ。にもかかわらずアラビア語どころか、ヘブライ語を解する者すら見つけ出すことができたという叙述は、この時期においてをや、キリスト教徒のなかにイスラム教やユダヤ教の信仰と伝統をいまだに保持している改宗者が存在したことを物語っている。隠れユダヤ人は「マラーノ」と呼ばれ、しばしばキリスト教の信仰を疑われ、火刑に処せられることがあった。豚という意味のⓑバトウ語である。またキリスト教に改宗したモーロ人はモリスコと総称された。もっともそのどの程度までが心底からカトリックの信仰を信じていたかは疑わしく、少なからぬモリスコは国家の政策に従って表向きはキリスト教を信じるふりをしながら、その実、頑《かたく》なに先祖の信仰と習慣を守り続けるというふうであった。のちにこのことについては、もう少し詳しく述べることにしよう。

さて運よくモリスコであるモーロ人を見つけ出した語り手は、少年の手からノートと紙束を奪い取るように手にすると、安く買い取ることに成功する。彼はモーロ人を自宅に連れ帰り、缶詰状態にして翻訳にⓒセンシンさせる。一カ月半ののち、待望の翻訳が完成する。その結果判明したのは、ドン・キホーテの物語を執筆したのは、シデ・ハメーテ・ベネンヘーリというアラビアの歴史家であったという事実であった。ベネンヘーリは茄子《なす》の形容詞であり、あえて訳せば茄子兵衛か。これはモーロ人が好んで茄子を食したことにかけた冗談であろう。この翻訳が以下に読まれることになるドン・キホーテの物語でありますと、語り手はいけしゃあしゃあと語る。

ここでこの作品が成立した前後のスペインの文化的、社会的状況について、簡単に説明しておくことにしよう。

スペインが「領土回復」を達成したのが一四九二年。『ドン・キホーテ』前篇が刊行されたのが一六〇五年。ここには一世紀以上の歳月が横たわっている。だが表向きは厳粛なカトリック国家となったものの、スペイン社会にはアラブ文化の残滓《ざんし》が色濃く残っていた。今日においてもそれは音楽や料理に明確に痕跡をとどめており、トレドの迷路のような都市を散策する者は、そこにイスラムとユダヤという二つの文化を含めた多文化的世界が広がっていたことを実感するはずである。現代スペインの作家フアン・ゴイティソーロはこの間の事情を、「ガウディのカッパドキアへの近さ」という<u>ⓓケイク</u>で表現している。スペインが誇る綺想《きそう》の建築家ガウディによるサグラダ・ファミリアが、かつてバルセロナとイスラム文化を通して地続きであったトルコ内陸部にあるカッパドキアの奇怪な地形といかに類似し、無意識の次元において通じあっているかという意味の言葉である。表向きはカトリックの信仰に捧げられ、今日ではスペインの威信を代表しているともされるこの巨大な建築を、トルコを含む広大なイスラム文化圏のなかで美学的に再検討しようというのが、ゴイティソーロの意図である。

　レコンキスタ以降のスペインとは、こうした文化的多元性をカトリックの一元論のもとに強引に抑圧し、異端を排除してやまない恐怖社会であった。おのずからそこでは隠蔽と仮装が生き延びるための叡智《えいち》となる。物ごとは表層における［　A　］と深層における［　B　］という二重の形相を、好むと好まざるとにかかわらず携えることを強いられた。ドン・キホーテが狂気を患っていたことを知らない読者はいない。彼は水車小屋を敵だと信じこみ、みすぼらしい田舎娘にすぎないドゥルシネーアを高貴な姫君と信じて疑わず、彼女に騎士道的な愛を捧げる。セルバンテスが描き出す世界では、<u>⑤事物はそれが本来の姿とはまったく異なった外見をもち、虚偽が真実を隠し、虚構が事実を覆い尽くすという原則が中心原理</u>として働いている。いうまでもなくそれは、不寛容な社会を生き延びるための民衆の智恵に結びついた哲学である。この長篇の語り手はかかる虚構趣味が、作者がアラブ人であったためであると、同じ第九章で語っている。「嘘をつくというのはあの民族の本来的な性癖だからである」。だが、ひとたび歴史的に大きな時間軸のうちで考えてみるならば、セルバンテスが生きた異端審問の時代こそ、ユダヤ教徒やイスラム教徒がキリスト教徒の仮面を被り、彼らと変わりない日常を演技することで生き延びた、苛酷極まりない時期であった。
セルバンテスの前半生とは、イスラム教徒との戦いの生涯であった。彼は名高いレパント沖の海戦に従軍し、片手を失うほどの傷を受けた。スペインの勝利がヨーロッパのイスラムに対する、今日まで続く優位を決定的なものにした戦闘のことである。その後、彼は五年間にわたり、アルジェで捕囚の生活を送る。ベルベル人の文化のなかで暮らしたこのときの体験が『ドン・キホーテ』の主題と語り口に深い影を落としていることは、想像に難くない。彼はこの地で、故郷スペインでは排除されて久しいイスラム文明の豊かさを実感として体験したことだろう。それはかつて十二世紀には世界最大の人口の都市であったコルドバや、またギリシャ人エル・グレコの活躍したトレドの地で、アラビア語によるアリストテレスのみごとな註釈と翻訳を可能にし、ユダヤ人に神秘主義カバラの探求を許した文化的寛容さと同質のものである。もっとも長いⓔルロウの果てに故郷に辿り着いた彼を待ち受けていたのは、失意と零落の日々であった。⑥『ドン・キホーテ』の全篇に流れている悲嘆の感情は、けっして主人公の狂気をめぐる感傷に帰せられるべき性格のものではない。それはより文明論的なものであって、すなわちよき寛容と共存の時代が終焉を告げ、眼に入る物ごとの悉《ことごと》くが仮の、偽りの外見を携えて、苛酷な現実をやり過ごさなければならないことに由来する諦念に深く関わっている。『ドン・キホーテ』がスペイン語で書かれたのではなく、最初にアラビア語で執筆され、とある偶然からスペイン語に翻訳されたという叙述の裏側にまずわれわれが認めるべきなのは、かつてイスパニアの地に花開いたアラビアの哲学と科学、詩をめぐるノスタルジアの感情である。

（四方田犬彦『翻訳と雑神』による）

問一　二重傍線部ⓐ～ⓔの漢字と同じ漢字を含むものを、次の各項の中からそれぞれ選び、その番号をマークせよ。

1　ⓐ　1　カンキョウ問題　2　コウキョウ施設　3　ボウキョウの念　4　ヘンキョウな土地

2　ⓑ　1　コウトウ無稽　2　抱腹ゼットウ　3　用意シュウトウ　4　コウトウ発表

3　ⓒ　1　セイシン誠意　2　シンシン気鋭　3　ハイシン行為　4　キンシン処分

4　ⓓ　1　ゼンケイ姿勢　2　ヒョウケイ訪問　3　人権ケイハツ　4　暴風ケイホウ

5　ⓔ　1　情報ロウエイ　2　運命にホンロウされる　3　ハロウ注意報　4　砂上のロウカク

6　問二　傍線部①の時代に関する記述として、適切でないものを次の中から一つ選び、その番号をマークせよ。
1　セルバンテスが失意と零落の日々を生きた
2　近代という観念が燃え崩れようとしていた
3　隠れユダヤ人が火刑に処せられることがあった
4　スペイン社会にアラブ文化の影響が残っていた

問三　傍線部②の説明として、最も適切なものを次の中から選び、その番号をマークせよ。7
1　言語活動が記号と記号だけからなる厚みのない関係に参入している
2　社会的な事件や形象を素材としながらそれを物語的に表象している
3　いまだ誰も書いたことのなかったメタフィクションを発見している
4　創作と翻訳についての通念を否定してその二分法を無効にしている

問四　傍線部③の説明として、最も適切なものを次の中から選び、その番号をマークせよ。8
1　まったく根拠を欠いた通説に基づく物語を自ら翻訳して作品だと称した
2　作品とその翻訳を隔てる壁はないという自身の主張を物語の題材にした
3　先行する作品からの影響を全否定して翻訳そのものを小説の主題とした
4　創作とはすでに翻訳であるという認識を作品の構造的虚構として示した

問五　傍線部④のように問われているのはなぜか。最も適切なものを次の中から選び、その番号をマークせよ。9
1　あの憂い顔の狂気の騎士が『ドン・キホーテ』の主人公だとは断言できないから
2　セルバンテスは『ドン・キホーテ』を創作したのではなく書き直しただけだから
3　『ドン・キホーテ』の語り手はアラブ人がこの物語を執筆したと述べているから
4　スペイン語で読むことができる『ドン・キホーテ』が実際は翻訳にすぎないから

問六　空欄［A］［B］に入る言葉の組み合わせとして、最も適切なものを次の中から選び、その番号をマークせよ。［10］
1　A　正統　B　異端
2　A　恐怖　B　抵抗
3　A　統一　B　多元
4　A　虚構　B　事実

問七　傍線部⑤にあてはまらないものを次の中から一つ選び、その番号をマークせよ。［11］
1　ドン・キホーテが水車小屋を敵だと信じ込み田舎娘を高貴な姫君だと疑わなかったこと
2　多くのモリスコがキリスト教を信じるふりをしながらイスラムの信仰を守っていたこと
3　シデ・ハメーテ・ベネンヘーリという歴史家の名前が実は茄子の形容詞に由来すること
4　ドン・キホーテの物語がアラビア語からスペイン語へ翻訳したものだとされていること

問八　傍線部⑥の理由として、最も適切なものを次の中から選び、その番号をマークせよ。［12］
1　偽りの外見を携えて苛酷な現実をやり過ごす人々の諦念が主人公の狂気をめぐる感傷を超越しているから
2　イスラム教徒との戦いの中で前半生を送った作者自身の苦難の体験が主人公の狂気として表れているから
3　アルジェで五年間の捕囚生活を過ごしたセルバンテスにとってもその後の人生は諦念に浸されていたから
4　イスラムとユダヤを含めた多文化共生への郷愁と現在の不寛容な社会への嘆きが作品に反映しているから

問九　本文の内容と合致しないものを、次の中から一つ選び、その番号をマークせよ。 13
1　十七世紀初頭のトレドの街にはアラビア語やヘブライ語を解するキリスト教徒も存在した
2　レコンキスタ（領土回復）以降のスペインはイスラム文化やユダヤ文化を強引に抑圧した
3　ファン・ゴイティソーロはサグラダ・ファミリアをイスラム文化との関係から再検討した
4　セルバンテスはアルジェに住むアラブ人の文化を通してイスラム文明の豊かさを実感した

〔二〕　次の文章を読んで、後の問いに答えよ。解答番号は〔二〕の 1 から 8 までとする。

小野には、ただ尽きせぬながめにて、冬にもなりにけり。都だに雪・霰がちなれば、ましていとどしく、かきたれ、消ぬが上にまた降り添ひつつ、いく重か下に埋《うづ》もるる峰の通ひ路を、ながめ出でたる夕暮、富士の嶺ならねど、雪の上より煙いとかすかにたなびくを、「これやさは、音に聞きこし山人の炭焼くならん」と、心細さも言はん方なし。
Ⅰ　住む人の宿をば埋む雪の内に煙ぞ絶えぬ小野の炭がま
例の、かきくらし、常よりも日数経るころは、いとど妻木こる山人の跡さへ絶え果てたるに、わりなく分け入る御使の沓の音もめづらしくて、①人々端つ方に出でて見る。
「都にだに、(a)冴え暮らすころの気色に、いかにと思ひやり聞こえてなん、
Ⅱ　いかばかりながめわぶらんかきくらし雪降るころの小野の山人」

げに、(b)ふりはへ給へる折節もあはれに思ひ知らるれば、ア少し心とどめて、

Ⅲ　とふにこそ跡をば　[3]　白雪のふり埋みたる峰の通ひ路

うち思ひけるままなるを、「いとあはれ」とイ涙ぐまれて、うち置きがたく見居給へり。
「さても、これをいかにもてなさまし。心づからのことと言ひながら、思ひ出でなくて過ぎにし慰めにも、今だにさる方にてあらせまほしきを、②人しげき住まひは、③かれも思ひよらざめり。げにはた、(c)人も思ひ許しぬべかりし古へだに、なほ世の聞こえをつつみてこそおぼえぬ所に置きたりしが、④今さら、もて出でなん、人のもの言ひも、方々あやしかりなん。さりとて、かの山深き住まひに閉ぢ籠め果てなんも心苦しきを、いかにせまし。近きわたりの山里を、さるべくしなして、⑤忍びつつ渡してん」など、ウ心ひとつに思しまうけながら、女宮の御ことを、誰も誰も、またなきことと思ひて、こちたき御祈りども、あたりあたり、さるべき家司など(d)心のいとまなきころなれば、折節あしくて、「いささかのことも、世の音聞きことごとしくや」などエ思しやすらふこそ、なほこりずまなる御心のどけさなれ。

（『山路の露』による）

[1]

問一　和歌Ⅰの意味内容として、最も適切なものを次の中から選び、その番号をマークせよ。
1　住んでいる人の宿を埋もれさせないうちに、小野の炭がまは雪の中で煙を出しつくすだろう
2　住む人の宿を埋め尽くす深い雪の中にあっても、小野の炭がまの煙は絶えることがない
3　住む人の宿を埋めるほどに雪が降り続くうちに、小野の炭がまの煙は絶えてしまった
4　住んでいる人が雪の中に宿を埋めまいとして、小野の炭がまの煙が絶えないようにしている

問二　傍線部①の理由として、最も適切なものを次の中から選び、その番号をマークせよ。［2］
1　山奥のこの辺りにまで来る人など絶えて久しいから
2　今まで聞いたこともない足音が聞こえてきたから
3　突然知らない人が訪ねてきて心細くなったから
4　山の上から炭がまの煙が流れ込んで来たから

問三　空欄［3］に入る言葉として、最も適切なものを次の中から選び、その番号をマークせよ。［3］
1　見つつ
2　見つれ
3　見つる
4　見てよ

問四　傍線部②はどのような場所にあたるか、最も適切なものを次の中から選び、その番号をマークせよ。［4］
1　小野
2　峰の通ひ路
3　都
4　近きわたりの山里

問五　傍線部③のふるまいとして、最も適切なものを波線部ア～エから選び、その番号をマークせよ。 5
1　ア　少し心とどめて
2　イ　涙ぐまれて
3　ウ　心ひとつに思しまうけながら
4　エ　思しやすらふ

問六　傍線部④の意味内容として、最も適切なものを次の中から選び、その番号をマークせよ。 6
1　いまさら昔のことを持ち出しても、あの人の返事はあやふやなものになるだろう
2　いまになって関係を世間にさらそうものなら、あちこちで人々が妙な噂をたてるだろう
3　いまさら隠した物を人に見つからないように持ち出せば、周囲に不審に思われるだろう
4　いまになって取り沙汰される人の話には、いろいろとおかしな点があるものだなあ

問七　傍線部⑤の意味内容として、最も適切なものを次の中から選び、その番号をマークせよ。 7
1　人目につかないようにして移住させよう
2　人目から逃れて手紙を渡そう
3　世の批判に耐えて山里を与えよう
4　隠れたままの状態で関係を続けよう

問八　二重傍線部(a)〜(d)を時系列の古い順に並べたものとして、最も適切なものを次の中から選び、その番号をマークせよ。
8
1　a→b→c→d
2　c→a→b→d
3　a→b→d→c
4　c→d→a→b

〔三〕　次の文章を読んで、後の問いに答えよ。解答番号は〔三〕の 1 から 8 までとする。

経済活動の変動は、経済社会において①幽体離脱や②金縛りが起こることで実現される。この文言を、隠喩以上のものと理解するため、経済活動を身近な例で理解できる寓話から始めよう。それは、経済学者クルーグマンのエッセイにある子守組合の逸話である。ここでクルーグマンは、一九七八年の「金融理論とキャピトルヒル子守協同組合の大危機」という論文を引用し、一九七〇年代実際にあった子守組合を紹介している。大筋はこうだ。スウィーニー夫妻（論文の執筆者である）は共に大学の若い教員だが、夜は外出して食事やパーティーを楽しみたいと思っていた。しかし子供だけを家に置いていくわけにもいかず、外出の際にはベビーシッターを頼むことになる。この出費がばかにならない。費用をかけずに子守問題を解決し、外出を楽しむにはどうしたらよいか。夫妻は日々これに頭を悩ましていた。

そうこうしているうちに夫妻は、友人夫婦も同じ問題を抱えていることに気づいた。友人夫婦のほとんどは共に弁護士で、外出はしたいものの余計な出費はしたくなかったのだ。そこで彼らは共同で、子守の互助組合を設立する。暇なときには、他の組合員の子守を引き受け、組合発行のクーポンをもらう。自分たちが外出するときには、このクーポンを使って他の組合員に子守をしてもらう。そういう仕組みだ。このシステムは、うまく運用されるはずだった。しかし実際には、③すぐに破綻する。誰もが、とりあえず手元に十分なクーポン券を貯めておこうと考えてしまったからだ。誰もがそう思い、他の誰かの子守をしようと思って、外出をひかえる。結果的に、誰も子守を必要とせず、誰も子守ができないというわけだ。

スウィーニー夫妻の子守互助組合は、ここでクーポンの大量発行によって危機を乗り越える。とりあえずクーポンをだぶつかせ、組合員は過剰なクーポンを手元にし、安心して外出したというわけだ。クルーグマンは、クーポンを国が発行する通貨に置き換える。貨幣が滞り経済が停滞したときには、とりあえず貨幣の大量発行をすればいい。そのぐらいの 4 のほうが、存外うまくいくものだ、という教訓こそ、④クルーグマンの主張であるからだ。

クルーグマンの主張はさておき、子守組合の逸話は、経済活動の基本としてよくできた話だと思う。クーポンを手にいれる活動こそ、経済活動であり、それは「わたし」の欲望の具現化であるからだ。そして子守組合の破綻こそ、「わたし」の不定さに起因する現象と考えられる。「わたし」は、来週金曜日のパーティーに出席したいとしよう。このときには、誰かに子守を頼みたい。そこで当面のクーポンを得るため、今日誰かの子守を引き受けることにする。この時点での「わたし」は、来週の金曜までを含む「わたし」と考えていいだろう。ところがよく考えてみると来週土曜日は、たまたまチケットを手にいれた映画試写会の日だ。もともと行かないつもりだったが、子守クーポンがあるなら、これも行ってみたくなる。映画試写会も含めてクーポンを欲する「わたし」は、来週の土曜までを含む「わたし」へと膨張する。ここでわたしはさらに考える。映画の試写会は、突発的な出来事だった。これと同じく、いつまた突然外出を余儀なくされる事態が現れるかわからない。このような不意の事態に備え、さらにクーポンを保有する必要があるのではないか。こうして、不意の事態まで考慮する「わたし」は、ある有限の未来までしか含まないわたしであるにも拘らず、⑤点線の「わたし」、無限定な「わたし」として発見されることになる。

そう、欲望を規定する「わたし」は、際限なく膨張する。その無際限さこそ、過剰な不安を生み出す源泉だ。ひとたび点線となった「わたし」の境界は、もっと多く、より多くのクーポンを欲し、満たされることがない。この不安は、いくらクーポンをばら撒いても解消できない事態だろう。つまり私はクルーグマンとは逆に、子守組合の教訓とは、経済活動における際限のない不安の不可避性、同時に、際限のない期待・自信の不可避性であると考える。その不安と期待は、本質的に内的な「わたし」の不定性に起因し、経済活動が「わたし」の欲望に基礎を置く以上、避けられないものなのである。「わたし」の不定性、点線性は、過剰な不安や過剰な期待において発見されるのではなく、むしろ「わたし」の膨張の根拠であるのだから。

子守組合の寓話に留まらない。経済活動は、一般に、「わたし」が膨張・収縮可能であるべく、その境界を点線とすることで可能なのだ。

経済的営為は物々交換を基礎に論じられる。主体は、ある種の商人と想定され、各商人は有限種類、有限個の商品を所有する。商人は、自分の欲しい商品をリストアップしていて、これがすなわち「わたし」の欲望ということになる。他の商人に出会うと、商人は商品の交換をする。これが物々交換に相当するわけだ。商品交換は、各々の商人が、相手の商品群の中に自分の欲しい商品を見つけることで成立する。これは簡単な条件ではない。二人の商人が、共に自分の欲望を成就せねばならないからだ。これは経済学で、⑥欲望の二重の一致の困難と呼ばれている。

欲望の二重の一致の困難を緩めないことには、物々交換さえ成立しない。これを緩和する装置こそ、膨張・縮小可能な「わたし」である。「わたし」の欲望が、この私に限定されるとき、なるほど相手の数少ない商品群にそれを見出すのは困難であろう。いま目の前にいる相手の持っている商品は、男の私とは無縁な女物のバッグや財布と仮定すれば、状況はよく理解できるだろう。しかしここで私が、家族の欲望にまで思いをはせるなら、バッグや財布も欲望の範疇《はんちゅう》に入ってくる。このとき「わたし」は、家族にまで拡張された集合的わたしとなる。「わたし」はさらに拡張可能だ。町内の住人の欲望、都市の住人の欲望、「わたし」はいくらでも拡張可能である。だから、私は「わたし」によって他者の欲望を代行し私の欲望とすることで、交換条件を緩和し、交換を実現する。

子守組合の場合、「わたし」の欲望は時間的に拡張された。物々交換において、「わたし」は空間において拡張された。それは幽体離脱同様に、「わたし」の膨張である。では幽体離脱と対を成すだろう金縛りのような現象が、経済活動にもあるだろうか。もちろんあるだろう。欲望の基盤である「わたし」が無際限に収縮するとは、わたしが抽象的な存在となって具体的欲望を規定できなくなることに他ならない。まさしくわたしは金縛り状態に陥り、欲しい商品の不在によって交換が実現できない。もしくは逆に、欲望の評価を失うことで、動物的な欲望、歯止めのきかない欲望が暴走するだろう。それは根拠のない、過剰な自信であり、過剰な期待である。金縛りと暴走は、コインの表裏である。

我々は、幽体離脱において、わたしの膨張・収縮を見出し、同様に経済活動においても欲望の基盤である「わたし」の膨張・収縮を見出した。幽体離脱は、通常ほとんど体験できない、稀有《けう》な体験である。その希少性は、世界とのインターフェースである身体の膨張が、きわめて困難であることを物語る。対して経済活動における「わたし」の膨張は、商人が普通に行なっていることに他ならない。商人は他者の欲望を代行し、どのような商品に需要が高いか、いわゆる市場性というものに絶えず目配りしているのだから。つまり商人の「わたし」は、幽体離脱のような異形さとは無縁にみえる。

しかし、商人の手にしている「わたし」は、その不定性、境界の点線性において、実は幽体離脱と同程度の、内的困難を抱え込んでいる。それが通常見過ごされがちな、過剰な不安、過剰な期待である。「わたし」の欲望は、その境界が本質的に不定であるがゆえに、自由に変更可能である。境界が点線であるがゆえに、自由に膨張し、収縮する。境界の不定さが、境界の変更の根拠を与えるだけなら問題はない。ところが境界の不定さは、積極的に境界の変更を強制し、迫り続けることを可能とする。それが際限のない「わたし」の膨張、際限のない「わたし」の収縮である。際限のなさは、運動を含意する。この、運動を含意するわたしの心的状態が、不安や期待という心的状態と考えられる。つまりそれは状態というには、語義矛盾を含んでいる。確定記述の束やある種の量として指定されねばならない状態でありながら、指定され確定されることを際限なく拒み続ける運動こそが、不安や期待であるからだ。

商人の有する「わたし」の欲望が、無際限な運動つまり過剰な不安や過剰な期待とは無関係であるなら、それは確かに幽体離脱や金縛りと無関係であろう。しかし、無際限な運動として定位される商人の心的状態は、無際限な運動として定位される身体（幽体離脱や金縛り）そのものと言っていい。無際限に膨張し続ける運動が、表現としては有限の大きさをとりながら、内的に運動を封緘《ふうかん》するとき、独特の浮遊感を有する心的状態として、幽体離脱感が現れるはずだから。

膨張し、収縮する「わたし」とは、何だったのか。それは、「いま・ここ」であり、現在と呼ぶものではないか。この意味において我々は、⑦時間を開設することになる。


（郡司ペギオ－幸夫『時間の正体　デジャブ・因果論・量子論』による）

問一　傍線部①の説明として、最も適切なものを次の中から選び、その番号をマークせよ。 1
1　欲望のコントロールが効かなくなり自我が崩壊すること
2　主体から意識が乖離して身体を残したまま離れること
3　世界とのインターフェースである身体が膨張すること
4　欲望が時間的・空間的に拡張して主体が膨張すること

問二　傍線部②の説明として、最も適切なものを次の中から選び、その番号をマークせよ。 2
1　意識は覚醒しているが身体のコントロールが効かなくなること
2　主体が抽象的な存在となり具体的欲望を規定できなくなること
3　世界の経済活動が停滞して貨幣の流通が一時的に停止すること
4　金銭に縛られて自由意志を失い主体的行動ができなくなること

問三　傍線部③の理由として、最も適切なものを次の中から選び、その番号をマークせよ。 3
1　誰かの子守りをしてあげたいと全ての人が思ったから
2　不確定の未来まで際限なく考慮するようになったから
3　余計な出費をしたくないと皆が思うようになったから
4　発行するクーポンが必要とするよりも少なすぎたから

問四　空欄 4 に入る言葉として、最も適切なものを次の中から選び、その番号をマークせよ。 4
1　無為無策　2　即断即決　3　楽観姿勢　4　過剰反応

問五　傍線部④に関する筆者の見解として、最も適切なものを次の中から選び、その番号をマークせよ。 5
1　経済活動の寓話としては明快だが私的な一事例を貨幣経済にまで広げるのは行き過ぎである
2　貨幣の大量発行で経済の停滞を解消しようとするのは一時的解決で問題の先送りでしかない
3　経済主体の欲望を具現化した例としては秀逸だが主体の過剰な不安や期待を過大評価している
4　経済主体が膨張・収縮することに過剰な不安や期待の原因が求められることには言及していない

問六　傍線部⑤の説明として、最も適切なものを次の中から選び、その番号をマークせよ。 6
1　実体を喪失しつつも無限の心は残されている「わたし」
2　無際限の商品を求めて欲望を見定められない「わたし」
3　輪郭が定まらず変化を含みこんでいる「わたし」
4　他者の欲望を代行し自己を失ってしまった「わたし」

問七　傍線部⑥の説明として、最も適切なものを次の中から選び、その番号をマークせよ。 7
1　商品売買と物々交換の経済的理念の一致

2　商人相互の提供物と欲望の対象との一致
3　膨張する主体と収縮する主体の欲望の一致
4　商品自体の価値と商品に対する欲望の一致

問八　傍線部⑦の説明として、最も適切なものを次の中から選び、その番号をマークせよ。　8
1　「わたし」とともに膨張・収縮する主観的な「現在」を過去や未来に接続すること
2　「わたし」の現在の心の動きを注視することで新たな時間感覚を手に入れること
3　時間の有限性に意識を向けることによって「いま・ここ」の価値を再発見すること
4　過去や未来の「いま・ここ」にも通用する普遍的な時間軸を措定すること

二月十一日実施分

解　答

一

出典　四方田犬彦『翻訳と雑神―Dulcinea blanca』〈ドゥルシネーア白〉（人文書院）

解答

問一　ⓐ―1　ⓑ―2　ⓒ―1　ⓓ―4　ⓔ―3
問二　2
問三　4
問四　4
問五　3
問六　3
問七　3
問八　4
問九　4

解説

問二　セルバンテスが『ドン・キホーテ』を執筆したレコンキスタ（領土回復）以降のスペインの社会について適切でないものを選ぶ。1、傍線部⑥の直前にある内容と合致。2、第二段落にあるとおり、近代の長編小説が盛行したのは十九世紀から二十世紀。したがって、『ドン・キホーテ』が刊行された十七世紀初頭（第四段落）にはまだ近代は到来しておらず、本文と矛盾する。これが正解。3、第四段落、二重傍線部ⓑの直前の内容と合致。4、第七段落の内容と合致。
問三　「近代」の文学観では、第三段落第一文にあるように「小説家とは、社会にある……形象や事件を……物語的に表象する……翻訳家とはその作品を忠実に解釈し、それを他言語に移植する」者だと考えられている。それに対して、セルバンテスはそういった近代の「通念」を否定し、「言述を行なうことは、それに先立って存在するテクストの……重ね書き」だと考え、「作品とその翻訳とを隔てる壁」を消滅させた。これを踏まえた選択肢は、4である。
問四　問三で踏まえたセルバンテスの考え「そのものを作品の構造的虚構として提示してみせた」のが『ドン・キホーテ』である。「無に基づく翻訳」とは、創作を「他言語に移植する」ことではなく、「翻訳」そのものが創作であるということである。したがって、4が正解。
問五　傍線部④の直後に、『ドン・キホーテ』には「セルバンテスと思しき語り手」が登場し、「騎士の物語」の「草稿を偶然に発見した過程が……語られている」。つまり、傍線部④のように問うのは、物語の執筆者がセルバンテスとは異なる人物として虚構されているからである。そして、第五段落に「アラビアの歴史家」が執筆したとある。これらを踏まえて、3が正解。
問六　空欄を含む段落の第一文に「文化的多元性をカトリックの一元論のもとに強引に抑圧し、異端を排除してやまない恐怖社会」とある。その中で、人々は「隠蔽と仮装」を強いられることとなった。つまり、表層ではキリスト教という一元で統一された価値しか認められていないが、深層ではユダヤ教やイスラム教といった多元な価値が生き延びている状態を指す。したがって、3が正解。
問七　傍線部⑤は、セルバンテスが描き出す世界の原則である。現実とも関連しており、一元化を強制する不寛容な社会を生き延びるために、虚偽や虚構により真実や事実を隠すと述べている。1は傍線部前文に具体例として挙げられ、2は第四段落最後から二文目に述べられている。3、第五段落に書かれているが、これは「冗談」であり、真実や事実を隠すことを目的としたものではない。これが正解。4、最終段落の最後の一文にあるように、このように虚構することで、スペインがその裏にイスラム文明の豊かさという「本来の姿」を持っていたことを示すものである。
問八　直後にある一文に「よき寛容と共存の時代が終焉を告げ、眼に入る物ごとの悉くが仮の、偽りの外見を携えて、苛酷な現実をやり過ごさなければならないことに由来する諦念に深く関わっている」とある。これに合致するのが、4。
問九　1は、「諦念が……超越している」が本文にないため、誤り。
1、第四段落の二重傍線部ⓑの前の内容と合致。2、第八段落第一文の内容と合致。3、第七段落の後半の内容と合致。4、最終段落第五文には、「ベルベル人の文化のなかで暮らしたこのときの体験」とあり、「アラブ人」ではない。したがって、これが本文の内容と合致せず、正解。

二

出典　『山路の露』

解答

問一　2
問二　1
問三　2
問四　3
問五　1
問六　2
問七　1
問八　2

解説

問一　小野に住んでいる女の和歌。直前に、雪が積もる中、「煙いとかすかにたなびく」のを「山人の炭焼くならん」と推量している。和歌中の「煙ぞ絶えぬ小野の炭がま」の「ぬ」は打消の助動詞「ず」の連体形であり、〝煙が絶えない〟の意味である。2か4が答えであるが、上の句は〝住む人の宿をうずめる雪の中に〟と訳せることから、2が正解。
問二　直前に、「山人の跡さへ絶え果てたるに、わりなく分け入る御使の沓《くつ》の音もめづらしくて」（＝山人の足跡までも絶え果てている中に、無理に分け入ってくる御使いの足音もめずらしくて）とある。したがって、1が正解。
問三　係助詞「こそ」があるので、係り結びで文末は已然形になる。完了の助動詞「つ」の已然形は「つれ」なので、2が正解。
問四　傍線部②は、都にいる男が小野にいる女を「さても、これをいかにもてなさまし」と、今後どう世話をするか思いなやむ心内語の一部である。「人しげき住まひは、かれも思ひよらざめり」（＝人が多い（場所での）住まいは、彼女も思いよらないようだ）と、人が多い所は女が嫌がると推測しているのである。そして、「人しげき住まひ」とは、3「都」を指す。
問五　本文における主な登場人物は、小野にいる女と都にいる男の二人である。問四で見たとおり、「かれ」は女のこと。アは、男からの手紙に、女が「心とどめて」いる場面。したがって、1が正解。イは、女からの和歌を受けての男の反応。ウは、男の心中。エも、ためらっている男の心中。ウ・エは、それぞれ「思しまうけ」「思しやすらふ」と尊敬語が使われているのもヒントとなる。
問六　傍線部④を含む一文は、男が女を連れ出したいと思う一方で、「世の聞こえ」（＝世間の噂）を気にしているという場面。「もて出でなん」は、直訳すると〝外に出してしまうようなこと〟、つまり、〝女との関係を世間に向けて明らかにすること〟を意味する。「あやしかり（あやし）」が〝不思議だ・妙だ〟の意味であるので、2が適切。
問七　男があれこれ思案した結果、女を「近きわたりの山里を……忍びつつ渡してん」と考える場面。「忍び（忍ぶ）」は〝人目を避ける〟の意味。「渡し（渡す）」は〝移す〟の意味。したがって、〝近くの山里に（女を）移してしまおう〟という意味で、1が適切。

問八　c「人も思ひ許しぬべかりし古へ」は、「古《いにし》へ」とある通り、現在より前のことを述べているため一番古い。つぎに、aは男が女に手紙を書いている現在の時点を指し、bは「わざわざ（手紙を書き）なさっている折節」という意味で、時系列にするとa→bの順。dは、女からの返事を読んでから、男があれこれ思案している時のことであり、一番新しい出来事である。2が正解となる。

三

出典　郡司ペギオ-幸夫『時間の正体―デジャブ・因果論・量子論』〈第1章　なぜ時間なのか〉（講談社選書メチエ）

解答

問一　4
問二　2
問三　2
問四　3
問五　4
問六　3
問七　2
問八　1

解説

問一　「経済社会」における「幽体離脱」の意味するところを問う問題。第九段落の最初に、経済活動において、「わたし」の欲望が時間的・空間的に拡張されるとあり、これが「幽体離脱」であると述べられている。したがって、4が正解。
問二　「経済社会」における「金縛り」の意味するところを問う問題。第九段落に、「『わたし』が無際限に収縮するとは、わたしが抽象的な存在となって具体的欲望を規定できなくなることに他ならない」とあり、これが「金縛り状態」だと述べられている。したがって、2が正解。1は、「経済社会」とは関係がない、一般的な「金縛り」の意味。
問三 傍線部③の直後に、「誰もが、とりあえず手元に十分なクーポン券を貯めておこうと考えてしまったから」と述べられている。そして、そのようになってしまう理由は、第四段落第三文に「『わたし』の不定さに起因する現象」とある。つまり、「わたし」が「不意の事態まで考慮」し「際限なく膨張する」（第五段落）ことで、「過剰な不安を生み出」してしまうからである。したがって、2が正解。
問四 空欄の直前にあるように「経済が停滞したときには、とりあえず貨幣の大量発行をすればいい」とするクルーグマンの考えを形容する表現が入る。この考えに対して、筆者は第五段落にあるように「クルーグマンとは逆に、子守組合の教訓とは、経済活動における際限のない不安の不可避性、同時に、際限のない期待・自信の不可避性であると考え」ている。クルーグマンの主張とは反対に、筆者は簡単には避けられない問題だと考えている。すなわち、クルーグマンは簡単に経済停滞を解決できる、つまり、3「楽観姿勢」のほうがうまくいくと考えているのである。
問五 筆者は、第五段落にあるように「経済活動における際限のない不安の不可避性、同時に、際限のない期待・自信の不可避性」に着目し、これが「『わたし』の不定性」、つまり、「わたし」の「膨張・収縮」に起因すると考えている。一方で、「私はクルーグマンとは逆に」とあることから、クルーグマンはこの点には言及していないと筆者は考えている。したがって、4が正解。
問六 傍線部⑤を含む一文にあるとおり、「不意の事態まで考慮する『わたし』」であり、「無限定な『わたし』」である。また、第十一段落第三文にあるように、「『わたし』の欲望は、その境界が本質的に不定であるがゆえに、自由に変更可能である」。したがって、これらの内容を言い換えている3が正解。
問七 傍線部⑥の直前に、「二人の商人が、共に自分の欲望を成就せねばならない」とある。つまり、この段落に書かれている内容を踏まえると、二人の商人がそれぞれ「『わたし』の欲望」に合う商品を、相手の「有限種類、有限個の商品」の中に見つけなければ、物々交換は成立しないことを傍線部は言い換えている。したがって、これを説明した2が正解である。
問八　第六段落以降で何度も述べられているとおり、「わたし」は際限なく「膨張」「収縮」する存在である。最終段落では、膨張・収縮する「わたし」とは「いま・ここ」であり、「現在」であると述べられている。そして、それは無際限な運動として続いていき、「『わたし』の欲望は時間的に拡張」（第九段落）していく。このことを「開設」という言葉で表現しているのである。したがって、1が正解。

二月十三日実施分

問　題

（六〇分）

〔一〕　次の文章を読んで、後の問いに答えよ。解答番号は〔一〕の 1 から 12 までとする。

二〇世紀後半を代表する社会学者ニクラス・ルーマンは、マスメディアに関しても著作を一つ残している。『マスメディアのリアリティ』だ。（略）その第一章で、ルーマンは直截に問いかけている。どんなメディアがマスメディアだといえるのか？　この問い自体はメディア論ではおなじみのもので、よく聞く答えも大体決まっている。「マス」と冒頭についているように、不特定多数を受け手にして情報の伝達と普及にあたるのがマスメディアである、と。大概のマスメディア論にはそう書いてある。

ルーマンはそれをばっさり切り捨てる。現代のマスメディアの最も基本的な特性、つまり、その基本的なⓐキョドウを左右する一番重要な特性は、そこではない。メッセージの保存複製可能性にある。具体的にいえば、印刷技術や電子メディアの発達によって、メッセージが大量に複製され保存されるようになった。それが、マスメディアの成立にとっては決定的だった、というのだ。

これは 6 答えである。いうまでもなく、メッセージが保存・複製可能になれば、受け手の数も大幅にふやせる。その点でいえば、「大衆《マス》」性の十分条件でもある。けれども、例えば二〇世紀前半のラジオ、技術的にいえばラジカセ（カセットテープレコーダーつきラジオ）の普及以前のラジオを考えてみればよい。M・マクルーハンの『グーテンベルクの銀河系』が実質的にラジオ論であるように、従来のメディア論では、この時期のラジオが典型的なマスメディアの一つとされてきた。

だが、ルーマンはそうではない、とする。保存・複製が技術的に容易になった。それによって生じた最も根底的な変化は、受け手の数ではなく、むしろ誰がいつどんな状況でメディアのメッセージ（報道や論説）を読むかが予測できなくなったことにある。例えば、二〇世紀前半のラジオであれば、受け手（聴き手）もその電波が伝わる時空に限定される。電波の電気信号を簡単に保存複製できなければ、そうならざるをえない。

それに対して、メッセージが何らかの技術によって半永久的に、それも中世西欧のⓑシュウドウ院の写本のように、ごく限られた人間だけがアクセスできる形ではなく、現代の電子メディアのように大量に複製できかつ再配布も可能な形で、保存できるようになるとどうなるか？　それによって、メッセージの受け手は全く限定できなくなる。文字通り「不特定多数」としかいえない存在になる。

別の言い方をすれば、従来のメディア論でもマスメディアは不特定多数を受け手とすると考えてきたが、そこで本当に重要なのは「多数」ではなく、「不特定」の方である。いわば「大衆 mass メディア」というよりも「不特定 indeterminate メディア」。そこに①近現代のマスメディアの本質がある、とルーマンはいう。印刷技術はむしろそれを可能にしたのだ、と。

これはなかなか②魅力的な定義だと思う。例えば、ルーマン自身はあまり強調していないが、こうした形でマスメディアを定義すると、印刷技術とコンピュータなどの二〇世紀後半の電子技術を連続的にとらえられる。文字か音声か、視覚か聴覚かのちがいも二次的になるので、電子技術全体も包括的に位置づけられる。マクルーハンとあつかう対象が重なるが、全くちがった視点を提供する点では、メディア論の別の選択肢《オールタナティヴ》にもなる（逆にいえば、マクルーハンのメディア論が文学的感覚論や心理的印象論にかなり頼っていることが、あらためてよくわかる。マクルーハンの専門は社会科学でなく、文学評論なのだから、当然といえば当然であるが）。

そして、それ以上に重要なのは、この定義から引き出される現代のマスメディアのあり方だ。これによってマスメディアは受け手を「環境」とせざるをえなくなった。正確にいえば、システム論でいわれる意味での「環境」に。すなわち、マスメディア自身は受け手に関しては、つねに部分的にしか知ることができない。それゆえ自らの内部でⓒコウチクする「受け手」像を通じてしか包括的には対応できず、にもかかわらずそこからの刺激に大きく左右されてしまう。そうしたものとして、受け手を位置づけざるをえなくなった。

システム論的な注釈を一つ付け加えておくと、だからこそマスメディアは「システム」になる、とルーマンは言っているわけだ。複製と保存という技術的特性が受け手を不特定な「環境」にかえてしまう。そのような不特定な相手、システム論の一般的な表現を借りれば、そのような不確定な（どちらもドイツ語なら“unbestimmt”、英語なら例えば“indeterminate”にあたる）環境への対応をせまられる。そのような主体として、マスメディアはふるまわざるをえなくなった。

だからこそ、マスメディアはシステム論であつかえる。逆にいえば、こうした技術的可能性がない状況下では、マスメディアを特にシステム論であつかう必要はない。システム論からみれば、そう述べているともいえる。（略）

一番大きなⓓキケツは、もしこの記述が正しいとすれば、現代のメディアにとって代表的な受け手は存在しないことだろう。より正確にいえば、それを具体的には特定しがたい。保存複製可能性がある以上、特定の記事や論説を、どこの誰がいつ読むかもわからない。例えば、第二次大戦中に大本営発表をそのまま載せた報道が、数十年後に「戦争協力」として右からも左からも批判されたりする。

もちろん、情報サーヴィスの購入者すなわち消費者であれば、つねに具体的に存在する。日本の一般紙の場合であれば、それは団塊の世代を中心とした前後十数年間の出生コーホート※であり、それゆえ次第に高齢化しつつある。それに対して、テレビの場合には、若い世代もふくめてもっと緩やかなまとまりになる。

だから、一般紙にかぎらず活字系のメディアは、以前は福祉の財源や雇用機会をめぐる世代間不平等など、いわゆる「団塊の世代」にとって都合の悪い記事や報道はあまり載せなかった。載せても、かなりあたりさわりのない形で言及していた。

けれども、だからといって、これを「団塊の世代に［ 9 ］る」みたいに受け取るのは短絡的だろう。かつての戦争報道と同じように、「団塊の世代に都合の悪い報道をしなかった」ことを後の世代から記憶されつづけるだろう、という形でも受け手を想定せざるをえないからだ。だから、たとえ実際には「団塊の世代」向けの報道になっていても、そのことにメディア自身は不全感や危機感をもつ。

だからこそ、現時点の購読者の多数派がこの世代から外れはじめると、今度は世代間不平等をとりあげる記事が急にふえてしまう。そのこと自体がさらに「［ 9 ］っている」印象を増幅させてしまう、というややこしさがあるが、それはおいておこう。

こうした基本的な条件の下で、もし受け手をあえて具体的に特定しようとすれば、マスメディア自身の方で独自に定義するしかない。例えば、現代のマスメディアの多くは「読者批評」や「視聴者の声」といった場をもっているが、そこで「読者」や「視聴者」にあたる人間を選定しているのは、当のマスメディアである。たぶん、多くの人はそこに奇妙さや違和感を抱くと思うが（少なくともその種の仕事の依頼が来たときに私はそう思った）、それは実は③不可避な事態でもある。（略）

不特定多数の受け手に発信しつづけなければならない。それはTVや新聞などのマスメディアだけの運命ではない。インターネットを通じて発言しようとする全ての個人にも、全く同じことがいえる。気軽に呟いて、気軽に「いいね」をとれた発言が、どこかの誰かに保存され記憶されつづける。そして何かの機会に、それこそ最も都合の悪い時機をねらったかのように、「過去の発言」として引用される。あるいは、そういう発言がなかったかどうかを、どこかの誰かにつねに検索されつづける。

その裏返しが「エゴサーチ」だ。「いいね」の数、フォロワーの数が視聴率や部数にあたるとすれば、エゴサーチは「読者の声」「視聴者の声」を聞くことだ。どんな声がその時点で代表的かは、それこそ計量的な調査でもしなければわからないが、どんな声でも声は声である。そして、未来の受け手が特定しえないとすれば、それが代表的な声にならないとは誰にもいえない。

それゆえ、メディア企業が視聴率や部数の量を知るだけではなく、そのなかでの代表的な「声」を何とかして拾い上げたいと思うのと全く同じように、ネットで発言しようとする人間たちは、④執拗にエゴサーチをしてしまう。メディア企業が電通に頼る代わりに、ネットメディアの個人はサーチエンジンに頼る。ただそれだけのちがいだ。

エゴサーチをしないという選択も同じことになる。それは視聴率に左右されない番組づくりをめざしたり、読者数の増減に神経質になりすぎないことを心掛けたりするのとⓔトウカである。もちろん具体的な場面ではその方が賢明な場合も少なくない。それと同じように、メディア企業もそれ以外の営利企業も、現在時点の短期的な収支にこだわり過ぎれば、やがて先細りになる。

つまり、長期的な視点で未来にむかって投資しつづけなければならない点でも、ネットメディアも伝統的なメディア企業も、そしてそれ以外の営利企業も同じ運命をもつ。ごく少数ながら、あえて短期的な収益に徹底することで生き延びられる例外的な存在もいる、ということまでふくめて。

だから、⑤システムとしてのマスメディアは、批評する個人に似ている。批評の生命線も、到達可能性 accessibility にあるからだ。どこかの誰かにいつか読まれる――その可能性に賭けて、批評は著される。だからこそ「埋もれた批評」の再発掘はつねに感動的な物語になる。一度は死んだ批評が蘇る瞬間に立ち会えるからだ。
そこまで考えれば、現在ではたんに「みんながマスメディアする」※だけでなく、むしろ「従来のメディア企業もネットメディアも、そしてメディアを批評する個人も、実は同じメディアシステムとしてふるまわざるをえない」といった方がよいのだろう。批評する個人もまた、ある程度有名になり、発言力をもてば、やはりその発言が保存され複製され検索される。大量複製による「アウラ」の消失を嘆けば批評になったベンヤミンの時代は、今から思えばかなり牧歌的だったなあ、とさえ思える。

（佐藤俊樹「現代メディアと批評する個人」による。ただし、本文の一部と見出しと註を省略した）

※出生コーホート……ある特定の期間に出生した人たちを一つの集団としてとらえたもの
※みんながマスメディアする……筆者が論考「マスメディアするインターネット」（一九九七年）で使用した言葉

問一　二重傍線部ⓐ～ⓔの漢字と同じ漢字を含むものを、次の各項の中からそれぞれ選び、その番号をマークせよ。

1　ⓐ　1　カイキョを称える　2　法にジュンキョする　3　キョエイを張る　4　ドッキョ老人
2　ⓑ　1　シュウブンを流す　2　シュウソの声　3　シュウジン環視　4　シュウゼン費
3　ⓒ　1　怪我のコウミョウ　2　キョコウの物語

3 免許のコウシン
4 コウイキに及ぶ

[4] ⓓ
1 新進キエイ
2 仏道にキエする
3 キトクに陥る
4 キドウに乗る

[5] ⓔ
1 トトウを組む
2 トウザの金に困る
3 ショトウ教育
4 カイトウ乱麻

問二 空欄 [6] に入る言葉として、最も適切なものを次の中から選び、その番号をマークせよ。

[6]
1 論外の
2 凡庸極まる
3 少し意外な
4 常識にかなった

問三 傍線部①の説明として、最も適切なものを次の中から選び、その番号をマークせよ。

[7]
1 複製と保存の技術のために、メッセージを受けとる人間や状況がわからない
2 ラジオに典型的なように、膨大な数の人間へ向けてメッセージを伝達できる
3 電子技術の発達により、メッセージの受け手を精確に把握することが可能となる
4 不特定の人間が情報を手にするのに、メッセージは半永久的に保存されるとは限らない

問四 傍線部②のようにいう理由としてあてはまらないものを、次の中から一つ選び、その番号をマークせよ。

8
1　これによって、印刷メディアと電子メディアとを同じ地平でとらえることができるから
2　これによって、従来の一般的なメディア論とは異なった分析の枠組みが可能になるから
3　これによって、マスメディアをシステム論の対象としてあつかえるようになるから
4　これによって、印刷技術が受け手の数を激増させたことの意義が明らかになるから

問五　空欄 9 （二箇所ある）に入る言葉として、最も適切なものを次の中から選び、その番号をマークせよ。
9
1　こだわ　2　いきどお
3　おもね　4　ひるがえ

問六　傍線部③の理由として、最も適切なものを次の中から選び、その番号をマークせよ。
10
1　特定の世代に都合よい情報への偏差があるという印象を払拭するには、別の世代の人間を評者に選ぶ必要があるから
2　受け手が不特定多数なので、具体的に対応する場合には自己がつくりあげる受け手の像を前提にするほかないから
3　情報サーヴィスの購読者ならば特定が可能なため、その中から代表的な受け手を選出する行為には必然性があるから
4　マスメディアといえど営利企業なので、自社に長期的な不利益となりうる批評は事前に回避しなければならないから

問七　傍線部④の理由として、最も適切なものを次の中から選び、その番号をマークせよ。
11
1　個人としてのネットメディアは、営利メディア企業が行うように代表的な声を聞く作業をしなければ先細りする運命

にあるから
2 インターネットを利用して不特定多数に発信する個人は、自分自身の発言に神経質にならなければ視聴者を獲得できないから
3 個人のメディアは、「いいね」をとれた発言がどの世代に多いかを分析し受け手の年代層を拡大させるのに役立たせるから
4 個人の発信によるネットメディアは、受け手の大多数に自身がどのように認識されているかを自らさぐる以外に方法がないから

12
問八 傍線部⑤の説明として、最も適切なものを次の中から選び、その番号をマークせよ。
1 購読者の多数派が団塊の世代から外れたものの新たな世代を獲得したマスメディアは、一度は死んだものの再発掘されて感動の復活を遂げる批評と現象としては同じである
2 情報を必要とする人びとにいずれそれが伝わる可能性を重視するマスメディアは、批評が大量に発信されて埋もれながらもそのうち発掘される運命にあるのと同じである
3 受け手に左右されないことが長期的な利益につながるマスメディアのあり方は、特定の人間にリアルタイムで読まれてはならない批評とシステムとして見れば同じである
4 現在の具体的な受け手をこえた受け手を想定せざるをえないマスメディアは、いつかどこかで誰かに伝わる可能性に存在意義を賭ける批評とシステム論的には同じである

〔二〕　次の文章を読んで、後の問いに答えよ。解答番号は〔二〕の［1］から［8］までとする。

孟宗は、①いとけなくして父に後れ、ひとりの母を養へり。母年老いてつねに病みいたはり、②食の味はひも度《たび》ごとに変りければ、③よしなき物を望めり。冬のことなるに、竹子をほしく思へり。すなはち孟宗竹林に行きもとむれども、雪深き折なれば、などかたやすく得［4］。ひとへに天道の、御あはれみを頼み奉るとて、④祈りをかけて大きに悲しみ、竹に寄り添ひける所に、にはかに大地ひらけて、竹子あまた生い出で侍りける。大きに喜び、すなはち取りて帰り、あつものにつくり、母に与へ侍りければ、母これを食してそのまま病もいえて、⑤齢《よはひ》をのべたり。これひとへに、⑥孝行の深き心を感じて、天道より与へ給へり。

（『御伽草紙』による）

問一　傍線部①の意味として、最も適切なものを次の中から選び、その番号をマークせよ。［1］
1　父に遅れをとり、追いつこうとして
2　幼くして父と死に別れ
3　早い頃から父を追い抜き
4　生意気だったために父に捨てられ

問二　傍線部②の内容として、最も適切なものを次の中から選び、その番号をマークせよ。［2］
1　料理の腕が未熟なために、おいしい食事がつくれない
2　貧困のために毎回の食事を提供できるとはかぎらない
3　老齢で衰えた味覚のせいで、十全に食事を味わえない
4　老いても毎回の異なる食事の味を楽しめなくはない

問三　傍線部③の意味として、最も適切なものを次の中から選び、その番号をマークせよ。［3］
1　得る手段のない物
2　良いとはいえない物
3　見ず知らずの物
4　身分不相応な物

問四　空欄［4］に入る言葉として、最も適切なものを次の中から選び、その番号をマークせよ。［4］
1　べし　2　べき　3　べけれ　4　べく

問五　傍線部④の説明として、最も適切なものを次の中から選び、その番号をマークせよ。［5］
1　悲嘆にめげまいと祈りに全てを賭けて
2　祈りながらも深い絶望の淵に沈んで

3　強く請い願う思いを祈りにこめて
4　憂愁に囚われつつも祈りに身を委ねて

問六　傍線部⑤の意味として、最も適切なものを次の中から選び、その番号をマークせよ。 6
1　長寿を祝った
2　長生きをした
3　年の功を発揮した
4　自分の年齢を述べた

問七　傍線部⑥の主語にあたるものとして、最も適切なものを次の中から選び、その番号をマークせよ。 7
1　孟宗
2　孟宗の母
3　孟宗の師
4　天道

問八　本文の主題を表す漢字二文字として、ふさわしいのはどれか。最も適切なものを次の中から選び、その番号をマークせよ。 8
1　孝行　2　天道　3　養母　4　豊穣

〔三〕　次の文章を読んで、後の問いに答えよ。解答番号は〔三〕の 1 から 8 までとする。

願わくは、本というものには、長生きしてもらいたいものだ。だから、必要もないのに時事的なことを書くべきではないと思うのだけれども、『モモ』という普遍的かつ警鐘的な物語を前にして、①コロナ禍のドタバタに「灰色の男たち」がかかわっていそうな気がするのを、止めることができないでいる。

世界はこの新型ウイルスによって変化を余儀なくされた。でも、ウイルス自体が「灰色の男」的だと言いたいわけではない。ウイルスに感染しないためにと奨励された対策のあれこれが、なんだか「灰色」っぽかったのだ。

「不要不急」という奇妙な四文字熟語が、わたしたちの生活を侵害した。これは、もちろん、仕方のないことだったと言えるだろう。とくに、ワクチンの開発も間に合わなかったころは、とにかく人同士が出会わなければ感染の危険は確実に減るし、感染の危険を減らすことで重症化する病人の数も減らさないと、医療が崩壊してたいへんなことになる。移動、行動の制限は、ウイルス対策の最前線に立った医療従事者からの叫びでもあったから、それはやらなければならないことだった。

ただ、この、「不要不急」という四文字熟語は、なにが「要」で、なにが「急」なのかを、いやでも考えさせるものだったから、そしてしばしば、ひどくたいせつなものが「要」でもなければ「急」でもないとされたから、わたしたちはひどくモヤモヤとした、灰色の男たちの吸う葉巻の煙のようなものを、抱え込むことになってしまった。

『モモ』は、一九七三年に書かれた物語で、一九七六年にはもう邦訳が出ている。わたしが初めて読んだのは、しかし、本が出てから少ししたころで、もう高校生だったのではないかと思う。子どもの本を読むには少し、 2 すぎているような気がしないでもないけれど、②このかなりあからさまに現代批評的な作品を読むには、ちょうどいい年齢だったかもしれない。
③モモは、人の話を聞いてあげるのが得意なちょっと不思議な女の子で、円形劇場の跡に住み着いている浮浪児だ。モモのもう一つの得意技は、遊ぶこと。遊ぶことというか、遊ばせることだ。モモの近くにいると、誰でも楽しい遊びを思いつく。おもしろい空想物語を作り上げることもできるし、みんなで楽しむ新しいゲームを創造することも簡単だ。モモほど天才的ではなくても、こういう子はいる。その子といっしょにいると楽しい遊びが次々にできてしまうというようなことは、あった。いまでも、そういう子どもが楽しいことを考えつき、友人たちを巻き込んでいるといいなあと思う。
みんなはモモを慕い、なにかあれば「モモのところに行ってごらん！」と声をかけ合って、家のないモモのために、住むところを整えてやり、食事を運んでやっていた。それが変わってしまったのは、「灰色の男たち」が跋扈《ばっこ》し始めたせいなのだ。

「灰色の男たち」は、人々から時間を奪う。「時間を節約して、貯蓄しておきなさい」とささやきかけ、無駄な時間を作らずに効率よく仕事をして成功するようにと説く。子どもたちも、最初は大人からちっともかまってもらえなくなり、機械仕掛けのおもちゃを与えられてネグレクトされるけれど、そのうち「子どもの家」に放り込まれて、遊んでばかりはいられなくなり、将来役に立つための勉強ばかりさせられるようになり、「小さな時間貯蓄家」になっていく。

この、非常に具体的な設定の「　5　」が、ミヒャエル・エンデの児童文学を特別なものにしているのだが、子どもとして読むと少しだけ、怖いような、残酷なような、やや大きすぎる主題にたじろぐようなところもある。

しかし、ちょっと引いてしまいがちな童心を、がっしりつかんで歩き出すのは、カメのカシオペイアのゆったりとした歩みだ。

モモが「灰色の男たち」の秘密を知り、それを人々に知らせようというこころみが失敗した夜、カシオペイアはゆうぜんと円形劇場に現れる。

「ツイテオイデ！」

という文字が、カメの甲羅に浮かび上がる。

「灰色の男たち」に、モモの名前と居場所が知られてしまった、おそろしい裁判のシーンのあとに、ひっそりと差し出されるこのエピソードが、なんともいいのだ。あ、モモはだいじょうぶなのかもしれない、と、心が安らぐ。

子どものための本としては、こういうところはだいじなんじゃないかと思っている。

『宝島』の語りが、ジム少年の危機とその回避をいつもあらかじめ明かしてしまうように。子どもは（子どもばかりではないだろうけれど）、あまりにつらいシーンの連続には耐えられない。ちょっと希望がないと、ついていくのが難しい。最後の最後にはハッピーエンドが待っていると思って、我慢して読み進むのにも限界がある。

わたしはいつ読んでも、このカメのカシオペイアが登場するところでホッとする。そして、モモが冒険物語の主人公になる予感にわくわくする。女の子が冒険物語の主人公になるのは、いまだとさほどめずらしくないだろうか。モモが登場したときは、画期的だった。比肩する傑物は長くつ下のピッピくらいか。しかし、女の子が一人で冒険の旅に出て、世界を救う、というようなのはなかったんじゃないか。そういう役割は、ずっと男の子にだけ負わされていたから。

「灰色の男たち」の追跡をよそに、ベッポとジジも置き去りにして、モモの冒険は進んでいく。そしてこの冒険には「シンパイムヨウ！」という文字を甲羅に浮かべるカシオペイアがついているのだ。カシオペイアがいなかったら、この旅はなんと不安なことだろう。ゆっくり進んだり、「ウシロムキニ」進んだりしながら、モモは「どこにもない家」、マイスター・ホラの館にたどり着く。

マイスター・ホラとの問答も、ちょっと形而上学的で難しいところはあるのだけれど、モモが時間の花を見るシーンを含め、おおむね幸福感に満ちている。「どこにもない家」で食べる朝食も、なんともおいしそうだ。

マイスター・ホラがつかさどっている「時間」の正体は、「命」と言い換えてもいいようなものだ。命とか時間とかいったものは、それ自体は「善い」とか「正義」とかいうものでもない。「灰色の男たち」は悪い存在として描かれているから、モモの側が「善」で、男たちが「悪」と、単純に読んで読めないこともないけれど、モモやマイスター・ホラが体現しているのは「善」というより、「幸福」なのだろう。だから、対して「灰色の男たち」は「不幸」、それも、命を楽しまない、あるいは楽しめないことからくる圧倒的な不幸を表していると言えるだろう。

物語は、マイスター・ホラが時間を止めてしまい、モモだけが一時間しかもたない「時間の花」を持たされて、その短い時間で「灰色の男たち」が貯蔵している時間を開放し、奪われた時間を人々のために取り戻してあげるところで終わる。円形劇場にはベッポもジジも、子どもたちも、仲よしの大人たちも戻ってくるが、この再会シーンは意外にあっさりと終わる。終わりよければすべてよし。それとも、「時間どろぼう」の暗躍は、ちょっと気を許すと、いつでも起こりうるということを、作者が知っているせいかもしれない。

『モモ』の物語は、わかりやすいといえばわかりやすい。「心に余裕を持とう」とか、「あくせく働くばかりではほんとうの幸せを見失うよ」とか、「成功ばかりが人生じゃない」とか、そんなことを語っているように見える。そして実際そうだろう。みんな、モモの物語を「そうだなあ」と思いながらも、日々時間に追われ、時間を誰かに奪われているように感じて生活をしている。それが現代人というものだ。子どもたちが想像力で遊ばずに、みんなゲームの端末を持っている光景に、「灰色の男たち」の跳梁跋扈《ちょうりょうばっこ》を、感じ取る人もいるだろう。

しかし、この、コロナ禍で読み直して、わたしはまたちょっと④新たな気づきを得た気がした。というのは、本の中ではいかにも悪そうに現れる「灰色の男たち」が、むしろ「正しさ」のマスクをかぶって現れることがあると、気づいたのだ。

長々書いてきたけれど、冒頭で触れたことに戻ると、コロナ禍の下では、「不要不急」は「悪」になった。つまり、「要」と「急」のみが優先される事態が「善」になったのだ。最初に書いたように、もちろんそれはウイルスの蔓延を防ぎ、医療の現場をひっ迫させないために重要な方針だったことは、誰の目にもあきらかだ。こう言い換えてもいいかもしれない。状況によっては、「灰色の男たち」のほうが「善」に見えるような事態が起こりうるのだ、ということ。

そう考えて、わたしはちょっとギョッとした。そしてそれは、とてもとても気をつけなければならないことだと、気を引き締めたのだ。

コンサートやライブ、映画鑑賞、演劇などのパフォーマンスは、「不要不急」のグループに入れられた。スポーツイベントも、講演会も。仕事を終えた時間にみんなでリラックスしてお酒を酌み交わす時間も、ダメということになった。子どもたちが遊ぶ公園も、黄色いテープが張られて閉鎖された。美術館も博物館も、動物園なども休業した。

仕方のない処置だ、と思えるものも多い。いくら自由や幸せがだいじでも、人の命には代えられない。でも、中には、疑問符がつくものもあった。たとえば、マスクをして、黙ってスクリーンを見つめるだけの映画鑑賞を換気もいい劇場でやるのは、どうしていけないんだろうとか。おおぜいでお酒を飲んで、大きな声で話したり歌ったりすれば感染リスクが高くなるのはわかるけれど、お酒自体がウイルスを媒介するわけではないのだから、一人で黙って飲むのはいいんじゃないかな、とか。

あれをダメ、これをダメ、とやっているうちに、たいせつな仕事を失う人も多く出てきた。その結果、家を失う人も。

モモの物語は、ホームレスの物語でもある。モモは家のない子なのだ。保護者もない。学校にも行っていない。でも、その子を、みんなが助けて生きさせる話で、そのお返しと言ってはなんだけれど、ホームレスの女の子に、社会が救われる話なのだ。

これを、どう考えたらいいんだろう。「不要不急の外出は避ける」「密を避ける」といったことは、たしかに社会を守るための対策なのだ。「灰色の男たち」みたいに、「人間から時間を奪ってやる！」という悪い意志に基づいたものではないはずなのだ。
しかし、だからこそ、⑤わたしたちは、もう一度『モモ』を読み直して、肝に銘じなければならないと思う。わたしたちの時間は、わたしたちの命は、幸福をこそ追求すべきものだ。それがなにか不可抗力によって「奪われる」事態に直面したとき、わたしたちは奪われ方をできるだけ少なくすべきだし、不可抗力と思われる事態が通り過ぎたら、速やかに「取り戻す」必要がある。そうじゃないと、いつ誰が「わからないのですか。緊急事態なんです。ですから、あなたの時間はあなたのものではなくなります」と言いだすかわからないから。その「緊急事態」は本物か、そしてどうすればそれが回避できるのか、どれくらいの間「時間」を譲り渡さなければならないのか、真剣に考えなければならない。ああ、「灰色の男たち」が、ほんとに灰色のスーツを着て葉巻を吸っているなら、見分けるのはひどく簡単なことだろう！　でも、現実は、そうではない。
そして、「時間どろぼう」の暗躍によって、家も仕事もなくした人たちが出るなら、社会全体で支える必要があるだろう。だって、それは、モモなんだから。

（中島京子『ワンダーランドに卒業はない』による）

1

問一　傍線部①の説明として、最も適切なものを次の中から選び、その番号をマークせよ。
1　新型コロナウイルスを発生させたのは「灰色の男たち」である気がするということ
2　新型コロナウイルスが原因で世界が「灰色」になってしまった気がするということ
3　新型コロナウイルスのせいで皆が時間に追われるようになった気がするということ
4　新型コロナウイルスの対策が「灰色の男たち」の要求に重なる気がするということ

問二　空欄 2 に入る言葉として、最も適切なものを次の中から選び、その番号をマークせよ。 2
1　陰りが見え　2　花がひらき　3　先走り　4　とうが立ち

問三　傍線部②のようにいう理由として、最も適切なものを次の中から選び、その番号をマークせよ。 3
1　高度経済成長期の過重労働社会へ向けて有給休暇の重要性を説いているため
2　ホームレス支援の重要性を、子どもにもわかる平易な文体で説いているため
3　効率重視の危険性と、余剰としての遊びの大切さを体現する物語であるため
4　コロナ禍の社会における「不要不急」を先取りして批判する内容であるため

問四　傍線部③の人物の説明として、最も適切なものを次の中から選び、その番号をマークせよ。 4
1　ホームレスの女の子であるモモは、決まった居場所を持たず、街を放浪している
2　モモは人を笑わせることが大好きで、つねに愉快な物語を思いついて喋っている
3　カメのカシオペイアの飼い主であるモモは、人々から施しを受けて暮らしている
4　モモは遊びのひらめきや想像力を与えてくれるので、皆に慕われ助けられている

問五　空欄 5 に入る言葉として、最も適切なものを次の中から選び、その番号をマークせよ。 5
1　神話　2　寓話　3　挿話　4　説話

問六　傍線部④の説明として、最も適切なものを次の中から選び、その番号をマークせよ。 6
1　『モモ』においては「悪」とされた灰色の男たちが、じつは善良だったことがコロナ禍でわかってきたということ
2　『モモ』では「悪」とされていた時間どろぼうの行いが、陰謀により「正義」にすり替えられたと認識できたこと
3　「不要不急を避ける」という言葉は灰色の男たちに相応しく、政府の対策は「悪」だと考えるようになったこと
4　「不要不急を避けよ」という指示を聞いて、時間どろぼうの行いが「善」に見えることもありうると感じたこと

問七　傍線部⑤の理由として、あてはまらないものを次の中から一つ選び、その番号をマークせよ。 7
1　灰色の男たちの行為と似たことが社会を守るための対策として行われたが、それによって困窮する人も出てきたため
2　「不要不急」を排除した世の中は幸福感において劣っており、緊急時がすぎれば速やかにもとに戻す必要があるため
3　灰色の男たちのように見るからに悪い人間より、善の皮を被った者のほうが苛烈な収奪を行うことがあきらかなため
4　『モモ』の物語は単純なようでいて多様な示唆に富んでおり、何かを奪われている状態に気づきを与えてくれるため

問八　本文の内容と合致するものとして、最も適切なものを次の中から選び、その番号をマークせよ。 8
1　『モモ』に出てくる「子どもの家」は、将来のために勉強しておくことの重要性を示している
2　つらい出来事の連続に耐えられない幼い読者にとって、カシオペイアの存在は心の支えとなる
3　モモは「どこにもない家」でマイスター・ホラに「時間の花」を手渡され、世界の時間を止めた
4　冒険物語の女性主人公は、長靴下のピッピとモモくらいしかおらず、現在もそれは増えていない

二月十三日実施分

解　答

一

出典　佐藤俊樹『メディアと社会の連環―ルーマンの経験的システム論から』〈Ⅰ　メディアと社会　4　現代メディアと批評する個人―ジャーナリズムのシステム論から〉（東京大学出版会）

問一　ⓐ―1　ⓑ―4　ⓒ―2　ⓓ―2　ⓔ―3
問二　3

解答

問三　1
問四　4
問五　3
問六　2
問七　4
問八　4

解説

問二　空欄の直前の「これ」とは、「現代のマスメディアの最も基本的な特性」を「メッセージの保存複製可能性にある」とする、ルーマンの考えである。第一段落の「不特定多数を受け手にして情報の伝達と普及にあたるのがマスメディア」とする大概のマスメディア論に対して、ルーマンの論がそこから外れていることがわかる。また、空欄の次行に「けれども」という逆接で、マクルーハンの論が従来のメディア論の具体例として挙げられている文脈からも、3が適切。

問三 傍線部①の直前の「そこ」は「本当に重要なのは……『不特定』の方である」であり、「不特定 indeterminate メディア」であることを指す。また、第十一段落には「特定の記事や論説を、どこの誰がいつ読むかもわからない」とある。したがって、1が正解。
問四 ルーマンのマスメディアの定義が「魅力的」といえる理由を問う問題。1、傍線部直後の「印刷技術とコンピュータなどの……連続的にとらえられる」に合致。2、ルーマンの見方について、「(マクルーハンのメディア論＝従来のメディア論と) 全くちがった視点を提供する」という記述に合致。3、第八～十段落の内容と合致。4、「受け手の数を激増させた」は、「多数」の方に重点を置く考え方なので、理由としてはあてはまらず、これが正解。
問五 一つ目の空欄について、直前に「『団塊の世代』にとって都合の悪い記事や報道はあまり載せなかった」とあるので、空欄には、「団塊の世代に」〝迎合する、都合の良いよう報道する〟という内容が入る。したがって、〝媚びへつらい、機嫌を取る〟という意味の「おもね (る)」が入る。3が正解。
問六 傍線部③の主語にあたる「それ」は、メディアの受け手を「マスメディア自身の方で独自に定義するしかない」ことという内容を指す。これが「不可避な事態」であるのは、第十一段落にあるとおり、「現代のメディアにとって代表的な受け手は存在」せず、「具体的には特定しがたい」からである。これらの内容を踏まえて、2が正しい。
問七 傍線部④の理由は、直前にあるとおり、「代表的な『声』を何とかして拾い上げたいと思う」からである。そして、そのように思うのは直前の段落の最終文にあるように、「未来の受け手が特定しえ」ず、問六で見たとおり、受け手を発信者自らが定義するしかないことに起因する。したがって、4が正解。
問八 マスメディアと「批評する個人」が「似ている」といえる理由を問う問題。直後に「批評の生命線も、到達可能性 accessibility にあるからだ」とある。「どこかの誰か」という特定できない受け手を想定して、その受け手に読まれる「可能性に賭けて」発信される点でマスメディアと「批評する個人」は同じだと述べているのである。これらの内容を踏まえたのが、4である。

二

出典　『御伽草紙』〈二十四孝　孟宗〉

解答

問一　2
問二　3
問三　1
問四　2
問五　3
問六　2
問七　4
問八　1

解説

問一　「いとけなく（いとけなし）」は、〝幼い〟の意味。「後れ（後る）」は、〝死におくれる・先立たれる〟の意味。したがって、2が正解。
問二　傍線部②は、〝食の味わいも食事の度に変わり〟という意味である。傍線部②の直前に「母年老いてつねに病みいたはり」と傍線部の理由が書かれている。これを踏まえて、3が文脈に合う。
問三　「よしなき（よしなし）」は、〝手段がない〟という意味。したがって、1が正解。
問四　直前に「などか」という疑問・反語の副詞があるため、係り結びで文末は連体形となる。2が正解。
問五　傍線部④までの文脈を押さえると、母は竹の子を食べたいと望むものの、冬であるため見つからず、孟宗は「天道の、御あはれみを頼み奉る」（＝神様の、御慈悲をお頼みする）「祈り」をしている。したがって、3が正解。「大きに悲しみ」とあるが、涙を流すほど強く祈ったことを意味する。

問六　「のべ（のぶ）」は〝延ばす〟という意味。また、「齢」は〝寿命〟を指す。2が正解。
問七　孟宗が「天道」に祈った結果、「天道」が孟宗の「孝行の深き心を感じて」、竹の子をたくさん与えたのである。4が正解。
問八　母のために必死になって竹の子を探し、天道に祈った孟宗の孝行心が報われる話である。1が正解。

三

出典　中島京子『ワンダーランドに卒業はない』〈13　「不要不急」と灰色の男たち―ミヒャエル・エンデ『モモ』〉（世界思想社）

解答

問一　4
問二　4
問三　3
問四　4
問五　2
問六　4
問七　3
問八　2

解説

問一　第二段落第三文に「ウイルスに感染しないためにと奨励された対策のあれこれが、なんだか『灰色』っぽかったのだ」とある。『モモ』の中の「灰色の男たち」は空欄5を含む段落の前の段落にあるとおり、「時間を節約して、貯蓄しておきなさい」と人々に要求する。また、傍線部④以降にあるとおり、「『灰色の男たち』が、むしろ『正しさ』のマスクをかぶって現れ」たものはコロナ禍の対策である。これらを踏まえて、4が正解。

問二　『モモ』は「子どもの本」であり、高校生であった筆者は、読むには大きくなりすぎていたという内容の言葉が入る。〝盛りを過ぎている〟という意味の「とうが立つ」が適切で、4が正解。
問三　傍線部④を含む段落の前の段落に『モモ』の一般的な解釈が説明されている。つまり、「心に余裕を持とう」という「時間に追われ」る生き方や、「想像力で遊ば」ない現代への批判である。これらを踏まえて、3が正解。
問四　モモについての本文での説明と選択肢を照らし合わせて考える。1、「決まった居場所を持たず」とあるが、モモは「円形劇場の跡に住み着いている」ため、誤り。2、モモ自身が「人を笑わせる」「愉快な物語を……喋っている」という内容は本文に記述なし。3、「カシオペイアの飼い主であるモモ」との記述はない。4、「遊びのひらめきや想像力を与えてくれる」は、傍線部③を含む段落の内容と、「皆に慕われ助けられている」はその次の段落の内容と合致する。
問五　『モモ』の物語は、物語ではあるがその裏に現代社会への教訓や風刺を含んでいるものであり、そのような物語を「寓話《ぐうわ》」という。たとえば、『イソップ物語』は寓話として有名な作品である。
問六　傍線部④の直後に、「『灰色の男たち』が、むしろ『正しさ』のマスクをかぶって現れることがある」とある。これが「新たな気づき」の内容である。次の段落にも、「不要不急」が「悪」であり、「『要』と『急』のみが優先される事態」が、「善」になるコロナ禍を通して、「状況によっては、『灰色の男たち』のほうが『善』に見えるような事態が起こりうる」とある。これらを踏まえている4が正解。
問七　『モモ』の教訓として筆者が述べていることと選択肢を対照する。1、「不要不急」の対策と「灰色の男たち」の類似性はこれまでの問いで確認したとおりである。しかし、その結果、傍線部⑤を含む段落の三段落前にあるとおり困窮する人も出てきた。2、傍線部⑤を含む段落の内容と合致する。3、筆者は「見るからに悪い人間より、善の皮を被った者のほうが苛烈な収奪を行う」とは述べていない。したがって、これが正解。4、傍線部⑤を含む段落の内容と合致する。「不要不急」を「善」として見過ごしてきた我々の姿勢に気づかせてくれたのである。

問八　1、空欄5を含む段落の直前の段落にあるとおり、「子どもの家」は、子どもたちが「将来役に立つための勉強ばかりさせられる」場所であり、その「重要性を示」す場所ではないため誤り。2、空欄5を含む段落の次段落以降で、「カシオペイア」は、モモを襲う「つらいシーンの連続」に希望を示す存在として筆者は考えている。これが正解。3、時間を止めたのはマイスター・ホラであり、「時間の花」は、「奪われた時間を人々のために取り戻してあげる」ことに使われたため、誤り。4、女性が「冒険物語の主人公になる」ことは、「いまだとさほどめずらしくないだろうか」とは述べているが、「現在もそれは増えていない」とは述べていない。

//////////////////// · memo · ////////////////////

/////////////////// ·memo· ///////////////////

・memo・

////////////////////// · memo · //////////////////////

・memo・

////////////////// · memo · //////////////////

2023年度

問題と解答

一月二十九日実施分

問　題

（六〇分）

〔一〕　次の文章を読んで、後の問いに答えよ。解答番号は〔一〕の 1 から 13 までとする。

アーレントの一九六四年のインタビューは、世界喪失という概念のゆくえについて語るとともに、もう一つの重要な「物語」を示唆していた。言葉をめぐる問題である。かつて彼女は、「事物、作品、行ない、出来事、さらには人間が心の記憶をそれへと外化し言わば物化することのできる言葉までもが、世界の故郷を失っている」と、物事を忘却から救い出し、出来事として着地させて物語るための「言葉」そのものの故郷喪失について書いていた。そのようなアーレントの六四年の発言は、世界喪失に関してそうであったように、微妙に重心が移動している。あるいはⓐチジクが震えている、といってもいい。そこに、この問題の複雑さが指し示されている。

アーレント　ヒトラー以前のヨーロッパですか？　何の郷愁もないとは言えません。残ったものですか？　残ったものは、言葉です。
――それは、あなたにとって重要な意味をもちますか。

アーレント　とても重要です。私はつねに意識して、母語を失うことを拒んできました。……

そして、次のように議論を進める。

アーレント　母語と他の言語との間には、とてつもない差があります。私に関してはそれは実にはっきりと言い切れることなのです。ドイツ語では、私はドイツの詩の大部分を暗唱でき、それらの詩はいつも私の記憶の背景となっています。それは二度と達成できないことなのです。……ドイツ語は①残された本質的なものであり、私も意識していつも保持してきたのです。

――もっとも辛い時期においてもですか。

アーレント　いつもです。あの辛い時期には、どうするべきかと考えました。狂ってしまったのは［ 7 ］ではないでしょう。さらに、母語に代わるものはありません。

そうして、②自らの議論のアクセントを強調するように、戦後はじめてドイツを再訪したときの感情について、「それは激しく震えるような感じでした。とくに、そこここでドイツ語が話されているという体験です。これはなかなか言い表わしがたい喜びでした」と語りつぐのである。

ここに顔を見せているのは、どういう事態だろうか。亡命ユダヤ人としてアメリカに暮らし、そこで思索し著述するアーレントにとって、ドイツ語がついに「母語」として揺らぐことのない言語でありつづけている、ということである。「残された本質的なもの」と言い切る言葉とのあいだに、距離や違和の感情が入りこむ余地はほとんどないだろう。この言葉の場所は、そこから引き剝がされた経験をも含めて、すなわち「もっとも辛い時期」も含めて、他にかけがえのない拠り所でありつづけている。

ここには「概念の物語」を引き裂くような力線が走っている。いや正確には、亀裂がそれとして表われないことにおいて③亀裂の力線が確認できるといっていい。ユダヤ人アーレントにとって故郷喪失は、むろん世界史における一事件や思想史上の挿話などではない。自己の一身を刺し貫く具体的かつ直截的な出来事であった。ⓑタンテキにいえば、言葉を「残された」唯一のものとする事態は、自己をアメリカへと追いやった事態、すなわち自分が生まれ育った「ドイツ語が話されている」地域が物質的にも精神的にも廃墟と化したことにもとづく。そのことをアーレントは知りつくしている。知りつくした上で、その「廃墟」の言葉を他に代わるものがないものとしているのである。

「狂ってしまったのは　7　ではないでしょう」とアーレントは言う。ドイツ語は、それを話す人びとの地域から微妙かつ慎重に区別されている。そうすることによって救い出さなければ、充分にいきいきと生きていくことができない。そのような場所として「母語」は位置づけられている。おそらくここに、アーレントの語り方の独自性が生じるだろう。亡命先への同化でもなく、同胞や故郷への固執とも異なる位置のとり方にもとづく、それは独特の語り口とならざるをえない。彼女のドイツ語流儀の英語が帯びる、ある種の直截簡明さはそれを表出しているだろう。それはまた、彼女を孤立させる位置どりであり語り方となる。

アーレントの政治空間の物語は改めて試練に出会うだろう。母語によってⓒテイソされる政治体が「自由は高くつく」状態として型どられてしまうことを、「残されたもの」は拒絶しつづけなければならない。そのような拒絶する力をもつ言葉、公共空間への「通路」としての言葉を、ここでアーレントは「母語」と呼んでいるといってもいい。それは「記憶の背景」を通じて、また否定しがたい「郷愁」の想いとともに、「ヨーロッパ」に繋がりつづける言葉なのである。「本質的なもの」という少々不用意になされた表現は、その孤立と普遍的公共性への志向とを同時に表わしているだろう。それがアーレントの手に残された言葉の残り方であった。

母語は必ずしも母国語ではない。すなわち国家を前提しない。そして、しばしば父祖の地の言語とも合致しない。この流浪の世紀において、乳とともに受けとる言葉は、しばしば政治的共同体との親密な一体性を喪失して、一箇の身体によって担われ、一身とともに移動する。アーレントにとって「自分自身の言語」は、流浪を通じて「ⓓカンたるドイツ」国家から振るい落とされたドイツ語であり、ⓔカセツされつづける「故郷」の言葉として、口にし耳にするとき言い表わしがたい喜びを含む感情をもたらす「ドイツ語」として、それは保持されたのである。


母なる言葉を、その母たちを殺した国家から切り離すことができない者にとって、「残された本質的なもの」はどのような様相を帯びるだろうか。④詩人パウル・ツェランにおける「ドイツ語」の在りようは、この世紀がもたらした言語的経験として注目せざるをえない。そこには二十世紀という時代のほとんど全重力がかかっているだろう。

ルーマニアの言語環境のなかでドイツ語を「母語」とするユダヤ系家庭に育ち、ナチス・ドイツによって両親を殺害されたツェランは、ルーマニア語、ロシア語、フランス語を主とする「多重言語国際諜報員」のような言語能力をもちながら、しかし一九四八年以降の後半生をパリの地にあって「いわば敵国語であるドイツ語でのみ詩作をつづけた」ということ。その詩における「ドイツ語の機能の極端な働きからしか、彼の選択の必然性は理解できないであろう」と言われること。そして、それは「詩の絶滅への途」を歩むことにほかならなかったこと（生野幸吉）。このような指摘に加えて、その言葉の極限的な働きとしての「アウシュヴィッツ以後の詩」の果てに自死したツェランの姿を思い浮かべよう。

母語が「敵国語」として立ち現われてしまう者にとって、その言葉は絶えざる「選択」とともにあるほかない。詩作という活動に、母語を措《お》いて選択の余地がどれほどあるのだろうか。ツェランは、この問いをやりすごすことはできない。その言葉の⑤「極端な働き」を駆使した苦闘は、「選択の必然性」と呼ぶほかない詩の形をとって表出されるだろう。それは不可避的に、自らの詩作についての考察が詩の主題とならざるをえない。選択についての思索をその詩作から切り離すことはできない。詩論としての詩、あるいは経験としての詩として、それは 12 成立するものとなる。そこでは、なにが「狂ってしまった」のかという問いは、どこまでも「言葉」それ自体を貫きつづけるだろう。そのように「残された言葉」とは、どういう言葉でありうるのか。

ツェランにおいて、「助かったのは口ばかり、沈みゆく人たちよ、私たちの声も聞いてくれ」というその口は、「口まであふれる沈黙」に充《み》たされているのであり、「禁治産の宣告を受けた唇、語れ、なにごとが起こったかを、たえず、きみからほど遠からぬところで」と、禁治産の宣告をされ、いわば口を奪われた唇に収斂《しゅうれん》していくものとしてあった。切れぎれの身体感覚として表出される言葉、禁治産者の唇のもとに残された言葉、それがツェランにとって、吃音《きつおん》から沈黙へと傾斜する「自己の存在の傾斜角のもとで」語ることとしての、そして「自分自身の縁において自己主張するもの」としての「詩」の言葉であった。その吃音と沈黙は、この時代そのものが帯びる「傾斜角」であり、詩人はその「縁」にあって小さく語ろうとするのである。たえず「道の途中」にあって、現われ出るものに語りかけるその「絶望的な対話」のうちに、詩はあるかなきかの「場所」を探り求める。

ツェランにおいて「この対話の空間の中で、はじめて、語りかけられるものが形づくられる」といわれるとしても、また「現われ」に眼差しが向けられるとしても、それはアーレント的な「世界」を構成するものではありえなかった。そこでの「語り」は、禁治産の宣告を受けた「無」によって貫かれているからである。人びとのあいだに介在するのは、分離し結合するテーブルではなく、無（Nichts）の隔たりであり忘却なのである。

（市村弘正『敗北の二十世紀』による）

問一　二重傍線部ⓐ～ⓔの漢字と同じ漢字を含むものを、次の各項の中からそれぞれ選び、その番号をマークせよ。

[1]　ⓐ
1　夢見ゴコチ
2　終生のチキを得る
3　廃藩チケン
4　万博をユウチする

[2]　ⓑ
1　ヒタンに暮れる
2　タンネンな細工
3　タンリョな行動
4　タンショを開く

[3]　ⓒ
1　不確定ヨウソ
2　ソショウを起こす
3　過去にソキュウする
4　キソを固める

[4]　ⓓ
1　カンペキな仕事
2　英語のテイカンシ
3　事情をカンアンする
4　潜水カン

[5]　ⓔ
1　カゴを犯す
2　責任テンカ
3　カキョウ工事
4　カソウ行列

問二　傍線部①の説明として、適切でないものを次の中から一つ選び、その番号をマークせよ。

[6]
1　不変の根源的真理を示すもの
2　普遍的公共性を志向するもの
3　批判し拒絶する力をもつもの

4　記憶の背景となっているもの

問三　空欄 7 （二箇所ある）に入る言葉として、最も適切なものを次の中から選び、その番号をマークせよ 7
1　ドイツ　2　ドイツ人　3　ドイツ語　4　ドイツの詩

問四　傍線部②の説明として、最も適切なものを次の中から選び、その番号をマークせよ。 8
1　物事を忘却から救い出し、物語るための言葉を英語からドイツ語へと変更する
2　言葉が故郷を喪失したと考えるのではなく、残された場所として言葉を捉える
3　ヒトラー以前の時代や「もっとも辛い時期」から戦後の現状へと意識を向ける
4　故郷喪失を亡命ユダヤ人として個人的に考えるのではなく普遍的な問題とする

問五　傍線部③の説明として、最も適切なものを次の中から選び、その番号をマークせよ。 9
1　自己を刺し貫くような具体的かつ直截的な故郷喪失の体験
2　故郷喪失者が亡命先で体験するアイデンティティーの喪失
3　思想上の抽象概念では表現できないドイツ語独特の語り口
4　追放された地域が廃墟と化してしまったことの精神的衝撃

問六　傍線部④の説明として、適切でないものを次の中から一つ選び、その番号をマークせよ。［10］
1　多くの言語を用いる能力を持ちながら、しかし母を殺した国の言葉でのみ詩作した
2　詩の言葉そのものをめぐる思索を、自らの詩作と切り離すことができなかった
3　表象不可能な破局の後に詩作は無意味だとアウシュヴィッツ以後の詩を絶滅の途へと導いた
4　言葉に詰まって口ごもり、沈黙へと傾きつつも「絶望的な対話」のうちに詩の場所を探った

問七　傍線部⑤の説明として、最も適切なものを次の中から選び、その番号をマークせよ。［11］
1　母語が持つ表現の可能性に極限まで肉薄しようとすること
2　ドイツ語にのみ存在する言語の機能を極めようとすること
3　個人的経験を超えた普遍的真理を獲得しようと目指すこと
4　言語を絶する出来事を必死にイメージ化しようとすること

問八　空欄［12］に入る言葉として、最も適切なものを次の中から選び、その番号をマークせよ。［12］
1　絶対的に　2　かならず　3　少なくとも　4　辛うじて

問九　本文の内容と合致しないものを、次の中から一つ選び、その番号をマークせよ。［13］
1　分離しながらもテーブルを介して人びとが結びつく公共性がアーレント的「世界」の特徴である
2　母を殺した言葉を母語に持つツェランは、忘却をうながす「無」によって記憶と世界を喪失した

3　母語は国家を前提とせず、政治的共同体との一体性を喪失し、個人とともに流浪することもある
4　アーレントの「母語」は、「郷愁」とともに「ヨーロッパ」に繋がりつづけようとする言葉である

〔二〕　次の文章を読んで、後の問いに答えよ。解答番号は〔二〕の 1 から 8 までとする。

さても、※隅田河原《すみだがはら》近きほどにやと思ふも、いと大なる橋の※清水・祇園の橋の体なるを渡るに、きたなげなき男二人会ひたり。「このわたりに隅田川といふ川のはべるなるは、いづくぞ」と問へば、「これなむその川なり。①この橋をば須田《すだ》の橋と申しはべり。昔は橋なくて、渡し舟にて人を渡しけるも、わづらはしくとて、橋出で来てはべり。隅田川などはやさしきことに申し置きけるにや、※賤《しづ》がことわざには、須田川の橋とぞ申しはべる。この川の向かへをば、昔は※三芳野《みよしの》の里と申しけるが、賤が刈り乾《ほ》す稲と申す物に実の入らぬ所にてはべりけるを、時の国司、里の名を尋ね聞きて、②『ことわりなりけり』とて、吉田《よしだ》の里と名を改められて後、稲うるはしく実も入りはべり」など語れば、③業平《なりひら》の中将、④都鳥に言問ひけるも思ひ出でられて、鳥だに見えねば、

尋ね来し　[5]　こそなけれ隅田川住みけむ鳥の跡だにもなし

川霧籠《こ》めて、来し方行く先も見えず。涙にくれてゆくをりふし、雲居《くもゐ》遥かに鳴く雁がねの声も折知りがほにおぼえはべりて、

⑤旅の空涙にくれてゆく袖を言問ふ雁の声ぞ悲しき

※掘兼《ほりかね》の井は跡もなくて、ただ枯れたる木の一つ残りたるばかりなり。これより※奥ざままでも行きたけれども、※恋路の末にはなほ関守も許しがたき世なれば、よしやなかなかと思ひ返して、また都の方へ帰り上り⑥なむと思ひて、鎌倉へ帰りぬ。

（『とはずがたり』による）

※隅田河原……本文の時代においては利根川の下流として現在の東京湾に注ぐ大河だった
※清水・祇園の橋……京都の鴨川に架かる五条橋や四条橋
※賤……身分の低い者
※三芳野……殻ばかりで実のない稲のことを「みよし（秕）」と言う
※掘兼の井……武蔵国の歌枕で、現在の埼玉県狭山市堀兼にあったとされる井戸。「堀兼の井」とも
※奥ざま……ここでは陸奥方面を言う
※恋路の末にはなほ関守も許しがたき……恋人のもとに逢いにゆく困難を詠んだいくつかの和歌を念頭においた表現

[1] 問一　傍線部①に関する説明として、適切でないものを次の中から一つ選び、その番号をマークせよ。
1　とても大きくまるで京の都にある橋のようである
2　川の水が澄んでいることから須田と名付けられた
3　渡し舟で川を渡るのは面倒なので橋が架けられた
4　身分の低い者は隅田ではなく須田ということがある

[2] 問二　傍線部②の意味内容として、最も適切なものを次の中から選び、その番号をマークせよ。
1　実の入らない稲「みよし」が名に入っている里で稲の実入りが悪いのは当然だよ

2 「みよし」という名を変えてくれと国司の私に訴えるのは理にかなう行いだよ
3 「みよし」という名があるのに実が入らないのは名を変えようとしたことが原因だよ
4 里に「みよし」などという分不相応な名を付けて罰があたってしまうのは道理だよ

問三 傍線部③の人物の歌を中心に描かれた平安時代の歌物語はどれか。最も適切なものを次の中から選び、その番号をマークせよ。 3

1 『竹取物語』 2 『源氏物語』 3 『狭衣物語』 4 『伊勢物語』

問四 傍線部④はある歌のことを指している。その歌の説明として、最も適切なものを次の中から選び、その番号をマークせよ。 4

1 都にいる思い人の息災を「都」を名に持つ鳥に問うた歌
2 都にいる思い人への伝言を「都」を名に持つ鳥に頼んだ歌
3 都にいる思い人と見た「都」を名に持つ鳥に語りかけた歌
4 都にいる思い人の言葉を「都」を名に持つ鳥に尋ねた歌

問五 空欄 5 に入る言葉として、最も適切なものを次の中から選び、その番号をマークせよ。 5

1 さと 2 かひ 3 ひと 4 はし

問六　傍線部⑤の意味内容として、最も適切なものを次の中から選び、その番号をマークせよ。 6
1　旅の空遥か高く鳴く雁の声は、私の袖が涙に色濃く濡れているのをあざ笑っているようで悲しい
2　旅の空の下、川霧の中を涙にくれて行く私の姿を、雁たちがどこにいるのかと探す声が悲しい
3　旅の空は私が泣きまどう間にも暮れ、暗くて袖すら見えないよと雁の声が教えてくるのが悲しい
4　旅の空の下、涙にくれつつ行く私の濡れた袖を見て、何を嘆いているのかと問う雁の声が悲しい

問七　傍線部⑥と同じ働きの語を含むものとして、最も適切なものを次の中から選び、その番号をマークせよ。 7
1　「潮満ちぬ。風も吹きぬべし」とさわげば、舟に乗りなむとす
2　飛ぶ鳥の声も聞えぬ奥山の深き心を人は知らなむ
3　おしなべて峰もたひらになりななむ山の端なくは月も入らじを
4　三位の位贈りたまふよし、勅使来て、その宣命読むなん、悲しきことなりける

問八　本文の内容として、適切でないものを次の中から一つ選び、その番号をマークせよ。 8
1　隅田川近辺まで来たものの隅田川がどこにあるか分からず通りすがりの男達に尋ねた
2　里の名が稲の質を変えたという話を聞き都を名に持つ鳥を詠み込んだ歌を思い出した
3　有名な古歌が詠まれた隅田川にせっかく来たのに肝心の鳥の姿が見あたらず落胆した
4　武蔵国から陸奥へ行きたかったが関が通れないため鎌倉から迂回して行くことにした

〔三〕　次の文章を読んで、後の問いに答えよ。解答番号は〔三〕の［1］から［8］までとする。

プリニウスの著述から来たという「一行なしに一日なし」という成句を、「一日一善」のような積み重ねの教えの類ととると、①どうも間違うことになるかと思える。

別に私は「一日一善」を馬鹿にしているわけではないし、「善」を実行したくないからこういうのでもない。ただ、ベンヤミンが『一方通行路』中の「文士作法十三カ条」に引いたそれに出合ったとき、なにか、もっと深い意味が隠れているような気がしたばかりである。

彼は引用句にあえて異を唱えるようにつづけて、「だが数週となると、どうだろう」と書いている。そのことについて私は、この日本語では意味がよくは分らないと、初めのほうで書いた。

一日一行をつづけたところで、七日で七行、百日で百行というわけではない。数週も経てば頓挫《とんざ》の危機がやってくる、という意味か。それとも、数週もすれば「行」の蔓草《つるくさ》は生い茂り、たがいに絡んで、すぐに何百行を数えてしまうというものか。あるいは、と、そんな迷路の思考をつづけていた。その後、ふと気づいて別の翻訳を読んでみると、こんなふうにあった。


ひと筆もなき一日があってはならぬ――とはいえ、そんな数週間はあってよい。


なるほど、これならよく分る。持続の中でのとびとびの休みはよろしくないが、あえてとる「ひと筆もなき数週間」のヴァカンスには意味がある、ということだろう。まずはうなずくほかない。

詩作という、私自身の本筋の仕事についていえば、もう十九年も、いわゆる新詩集というものを刊行していない手前、②この長期休暇有意義説には頼もしい心境になる。もちろん、「そんな十数年間はあってよい」とまで、いわれているとは思わないが。

しかしだいたい、毎日書くような勤勉ぶりを誇るのは慎みがないというものであり、机にかじりつきっぱなしで詩を書いているぞとは、そう思うような詩人が間違っている、と、私は悪態をつきはじめるようだ。ポエジーの閃光は、寝たふりや余所見のふりをしておいてから不意打ちで獲物に襲いかかる仔猫の本能をもたなければ捉えられるものではない、と、レトリックを弄《ろう》して居直りかねない構えである。いまこうしてしっかり腰を落ち着けて酒を飲んでいるのも、ただ仕事をしていないのではない、こういう時間こそが次の獲物をおびき寄せ、次の作品の時間を醸成させはじめるのだ、と理屈は嵩《かさ》にかかってゆきかねない。

プリニウスの『自然誌』にあたりえぬまま、こちらの翻訳に付せられた訳注によれば、あれは「紀元前四世紀のギリシアの画家アペレースについて述べた言葉に由来する成句」ということらしい。

おや、と私はここでもまた思考の一本道を逸れはじめる。「一日」に対応するものとは、詩や文章でいう「行」ではなく、まずは画家の「筆」であり「線」であったのか、と。
③詩における「行」ということについて、同時代で私より、必要以上に多く考えている人がいたらお目にかかりたい、といわせてもらいたいほどに、私は「行」について考えてきた。十九年間「新詩集」が出ないのはきっとそのせいだが、この「行」がlineであることの重要な意味は、絵の筆と文の筆とが同じストロークのうちに混じりあうところに由来するように思える。
lineということばが、文学方面だけでも、おびただしい意味をもつことは列挙するまでもないだろう。「文字の並び」の意味から、「詩句」「くだり」「短い手紙」といった意味まで、多岐にわたっている。ここから、絵画における「描線」の意味には、すぐに隣でつながっている。

また、先に述べたstrokeということばは、lineの語を、より［　4　］に近づけたものといえるかもしれない。手、笞、斧、剣などの「ひと撃ち」「ひと突き」「ひと振り」をいうが、打球技における「打撃」、心臓の「鼓動」や血流の「脈拍」、時計の「時を打つ音」、鳥の羽ばたきの「ひと打ち」や泳者の「ひと掻き」やボートの「ひと漕ぎ」、雷の「一撃」などに及ぶ。タイプライターの「一打」、文字の「一画」、彫刀の「一彫り」ということもある。

羽ばたきや泳法、振り子やある種の機械の動きでは、その往復運動性が明示されているともいえるだろう。いいかえれば、一撃の次のもう一撃のためには、最初の運動を回収する動きが伴われる。strokeにはそんなことも示されているらしい。

「一日一行」がもつ意味、「一日一善」からは遠くへだたる意味とは、線が呼び起すこのようにさまざまな身体の動きとともにあるからではないか、と考えられる。


もう失われてありもしないはずのものを空しく訪ねるということに、いつのころからか私は、なんともいえぬ面白味を覚えるようになった。

すべての史跡や歴史的建築も、つまりは失われたものの残骸なのだが、史跡や建築としては残っていないなにかを訪ねるほうがスリリングで、いっそう喜びになることに気づきもした。

旅をしても、いわゆる観光スポットへはおざなりの歩行しかしない。ところが、関心のある過去の人物、すなわち忘れえぬ死者が、そこに確かにいた、という資料を手に、半世紀後や一世紀後の探索を見知らぬ界隈《かいわい》に企ててみると、まったく思いがけない旅が、旅先ではじまる。

この探索の足どりの特色は、そこに行ってもなにもないかもしれない、という覚悟をあらかじめ携えるとき、ことに

[A]を放つというものである。さらには、そこに行ってみてほんとうになにもなかったとき、痕跡が見えないことの重要性は[B]に達するというものである。
そんな手法——というより足法をくり返すと、これはどうも、かつて野田宇太郎さんがやってみせた④文学散歩というものから掛け離れたものである。なぜならここでは、過去はついにわがものとしえないという感覚が肝腎《かんじん》だからである。場所はすっかり変り果ててしまった。そればかりか、場所が変るとはどういうことかが、解きえない圧倒的な状況として目の前にある。確かにここなのに、なにもない、ということが、眼前の大気としてそそり立ち、場所とは一体なにか、とめまいを覚えて、ときによっては腰も抜かさんばかりになる。⑤空虚の一撃という感覚である。

わざわざ遠くへ出かけてまでしてそんな感覚を求めるなどということは、同好の士が仲良く歩みを共にする文学散歩にはあってならないものだろう。

十九年も本筋の仕事をあらわさないでなにをしていたか、という弁明に似た話にもなるだろうか。漂泊の詩人といわれる伊良子清白の足跡を辿ったときも、架空の切手を描くことでもうひとつの世界を構成しようとして夭折《ようせつ》したドナルド・エヴァンズの跡を辿ったときも、初めのうちは文学散歩の類だったにちがいない。ところが、行く先々にはなにもないのである。空虚から空虚へと渡り歩きするためには、文学的実証主義とは別の、筋道や論理や直観が必要になる。そればかりか、失われた過去との関係のとりかたに、ある哲学がどうしても必要になってくるのだった。

その先々の、記念碑も史跡のプレートもないところで私に、肝腎のその感覚が襲ってきた。いまそのいちいちの地点が走馬燈のように目に浮ぶが、それを列挙しはじめてはきりのないものになる。というより、私はすでに、大阪の天保山岸壁や台湾の角板山やオランダのアクテルデイクやイギリスのランディ島について、すでにあったものが失われている空虚を訪ねるばかりか、めざされて到達されなかった地点をも訪問した。それだからおのずから、⑥空虚に釣り合うほどの遊歩の文章を試みてきた、という感慨を禁じえないのである。
番地などを手にもって実証的な研究者の調査行のようにしてはいるが、なにがちがうかといえば、獲物の追跡者の足どりそれ自体もまた、追い求められる獲物となるほかはない、というところである。圧倒的ななにもなさに行きあたるには、行きあたる歩行が、行きあたるところの空虚や無意味を耐えるか、喜ぶかしなければならない。
それはちょうど、観測者もまた観測される対象のうちにふくまれざるをえない、という二十世紀以降の科学が見出した事実に、類似したものといえよう。探索する対象を獲得しえない探索者は、ただの遊歩者となって、自身の歩行によって探索される存在となる。つまり、なにものにも行きあたることができないという挫折が、その過程すべてを夢に変えるのである。

（平出隆『遊歩のグラフィスム』による）

問一　傍線部①の理由として、最も適切なものを次の中から選び、その番号をマークせよ。1
1　「一日一善」にはこれまで考えていた以上に深い意味が隠れていることをベンヤミンに気づかされたから
2　「一行なしに一日なし」に異を唱えて書かれたベンヤミンの文章は日本語訳では意味がよく分らないから
3　「一日一善」の教えは「一行なしに一日なし」と違ってあえて長く休むことの効用を明示していないから
4　「一行なしに一日なし」には「一日一善」のような積み重ねの教えとは異なる運動性が含まれているから

問二　傍線部②の理由として、最も適切なものを次の中から選び、その番号をマークせよ。2
1　十数年間も新詩集を刊行していない怠慢がプリニウスに由来する成句によって正当化されたから
2　ベンヤミンが「一日一善」に異を唱えてくれたおかげで仕事の重圧から解放される気がしたから

3　詩作と時間の関係をめぐる自身の考えにベンヤミンがお墨付きを与えてくれたように感じたから
4　作品を醸成させるには長い時間をかけて充分に言葉を吟味する必要があると常々考えていたから

問三　傍線部③に関して本文で考察されていることとして、適切でないものを次の中から一つ選び、その番号をマークせよ。［3］
1　詩における「一行」の中に表現可能な多義性
2　詩における「一行」と絵画の描線の近似性
3　詩における「一行」に含まれる身体の運動性
4　詩における「一行」の「一日」との類比性

問四　空欄［4］に入る言葉として、最も適切なものを次の中から選び、その番号をマークせよ。［4］
1　絵画　2　文学表現　3　身体行為　4　一回性

問五　空欄［A］［B］に入る言葉の組み合わせとして、最も適切なものを次の中から選び、その番号をマークせよ。［5］
1　A　生気　B　限界
2　A　香気　B　沸点
3　A　異彩　B　臨界
4　A　精彩　B　頂点

問六　傍線部④はどのようなものとされているか。適切でないものを次の中から一つ選び、その番号をマークせよ。 6
1　仲間との共感に依拠している
2　文学的実証主義に則っている
3　歩行経路に筋道や論理がない
4　記念碑や史跡を探索して歩く

問七　傍線部⑤の説明として、最も適切なものを次の中から選び、その番号をマークせよ。 7
1　失われてありもしないものを訪ねていく空しさが一瞬にしてスリルと喜びに転じてしまう感覚
2　過去をついにわがものにできないということが自身の拠って立つ場所を揺るがしてしまう感覚
3　すっかり変り果てた場所を眼の前にして時間というものの空虚さを見せつけられるような感覚
4　何もないことへの不安が当たり前に思われた状況を解くことのできない謎に変えてしまう感覚

問八　傍線部⑥はどのようなことか。最も適切なものを次の中から選び、その番号をマークせよ。 8
1　何もないということの面白味とバランスをとるように、主題や哲学のない直観的な文章を書こうとしてきた
2　訪れる場所に空しさを感じれば感じるほど、その挫折感を記述する文章には遊び心が不可欠だと感じてきた
3　何もなさに行きあたる歩行を通じて、それをめぐる文章の歩みも迂回や逸脱を抱え持っていくことになった
4　実証的な調査や研究に意味がないと考えるからこそ、無目的なそぞろ歩きを文章に記すことも辞さなかった

一月二十九日実施分

解答

一

出典　市村弘正『増補 敗北の二十世紀』〈Ⅲ 「残された」言葉〉（ちくま学芸文庫）

解答

問一　ⓐ－1　ⓑ－4　ⓒ－4　ⓓ－2　ⓔ－4
問二　1
問三　3
問四　2
問五　1
問六　3
問七　1
問八　4
問九　2

▲解　説▼

問二　「残された本質的なもの」とは、故郷喪失を経験したアーレントにとって、「ドイツ語がついに『母語』として揺らぐことのない言語でありつづけている」（傍線部②の次の段落）ということである。1、本文に言及がないので、これが正解。2・3、「拒絶する力をもつ言葉、公共空間への『通路』としての言葉を…アーレントは『母語』と呼んでいる」（二重傍線部ⓒのある段落）の記述と合致。4、「それらの詩（＝暗唱できるドイツ語の詩）はいつも私の記憶の背景となっています」（傍線部①のある引用文内）の記述と合致。
問三　二カ所目の空欄7の後にある「ドイツ語は、それを話す人びとの地域から微妙かつ慎重に区別されている」という部分に注目。アーレントは、ヒトラーの時期に「狂ってしまった」のは故国であり、ドイツ語ではない、として場所と言語を引き離し、「母語を失うことを拒んで」（一つ目の引用文内）きたのである。
問四　傍線部②「自らの議論のアクセント」は、発言の意図するところ、といった意味合い。アーレントは「『ドイツ語が話されている』地域が物質的にも精神的にも廃墟と化した」（傍線部③のある段落）経験をした上で、「『言葉』そのものの故郷喪失」（第一段落）について、「ドイツ語がついに『母語』として揺らぐことのない言語でありつづけている」こと、そして「かけがえのない拠り所でありつづけている」ことを語っている。（傍線部②の次の段落）
問五　意味が掴みづらい部分であるが、傍線部③の前後の文脈を丁寧に読み解く。筆者は前の段落において、亡命ユダヤ人としてアメリカに暮らしたアーレントが、母語であるドイツ語を「拠り所」とし続けたとし、そこに「『概念の物語』を引き裂くような力線」を見ている。そして、その力線について、アーレントにとって「故郷喪失」は、「自己の一身を刺し貫く具体的かつ直截的な出来事であった」と指摘するのである。
問六　母語とそれを話す地域を切り離したアーレントとは対照的な例として挙げられているのが、母語と敵国語を切り離すことができなかったツェランである。1は傍線部④の次の段落「『多重言語国際諜報員』のような言語能力をもちながら」「敵国語であるドイツ語でのみ詩作をつづけた」に、2は最後から四段落目、4は最後から二段落目の内容に合致。3は「詩作は無意味だ」とする点が適切でない。最後から三段落目以降にはツェランにとって詩作とはどのようなものであったかが書かれているが、彼は詩を無意味だと捉えてはいない。
問七　傍線部⑤の「苦闘」とは詩作のことである。「極端な働き」については、前の段落に「ドイツ語の機能の極端な働きからしか、彼の選択の必然性は理解できない」とある。1が「表現の可能性」として詩作について言及しており、正解である。「極限まで肉薄」が傍線部の「『極端な働き』を駆使」に相当する。2はやや紛らわしいが、「言語の機能を極めようとする」だけでは傍線部⑤の「駆使」までにとどまっており、「苦闘」＝詩作の観点に欠けている。「のみ」という限定も不適。3は言語に関する言及がない。4は言葉の「働き」ではなく「言語を絶する出来事」としており、傍線部⑤の内容から外れる。
問八　傍線部⑤の「苦闘」という表現や、同段落の「…あるほかない」「…どれほどあるのだろうか」「…ならざるをえない」等の表現から、ツェランの詩が〈何とか、ぎりぎりのところで〉成立するものである、という文脈を押さえる。
問九　1、ツェランについて言及している最終段落の、「アーレント的な『世界』を構成するものではありえなかった」と「人びとのあいだに介在するのは、分離し結合するテーブルではなく、無（Nichts）の隔たりであり忘却なのである」という表現を合わせて考えると、合致する。2、ツェランが「記憶と世界を喪失した」とは本文に書かれていないので、これが正解。3、二重傍線部ⓓのある段落の内容と合致。4、二重傍線部ⓒのある段落の内容と合致。

二

出典　後深草院二条『とはずがたり』〈巻四〉

解答

問一　2
問二　1
問三　4
問四　1
問五　2
問六　4
問七　1
問八　4

◀解　説▶

問一　二文後に「隅田川などはやさしきことに申し置きけるにや」とある。隅田川という名前から「澄む」が連想されるために優美な言い方をしたのだろうというのであるから、2の「澄んでいることから須田と名付けられた」は不適。
問二　「ことわりなり」とは〝道理である、当然だ〟という意。語注にあるように「三芳野」という地名は実のない稲「みよし」と同音であり、その名のために「刈り乾す稲と申す物に実の入らぬ所にてはべりける」という事態を当然だと国司が言ったのである。
問四　『伊勢物語』の「東下り」に登場する「名にし負はばいざ言問はむ都鳥わが思ふ人はありやなしやと」という和歌を引いた表現である。歌意は〝都という名をもっているならば、さあ尋ねよう、都鳥よ。私の思い人は元気でいるのかどうかと〟となる。
問五　業平の有名な和歌を思い出すも、「鳥だに見えねば」（＝鳥さえ見えないので）、詠まれた歌である。都鳥を見ることがかなわず、せっかくこの地まで尋ねてきた〝甲斐がない〟と嘆いているのである。
問六　「川霧籠めて、来し方行く先も見えず」とさまよう筆者が、遠く空を行く雁の鳴き声も「折知りがほ」（＝わけ知り顔）に思われて詠んだ歌である。和歌の「言問ふ雁の声ぞ悲しき」は、〝（涙に袖を濡らす私に）どうしたのかと尋ねる雁の声が悲しい〟という訳になる。
問七　傍線部⑥は「上る」というラ行四段活用動詞の連用形に接続していることから、強意の助動詞「ぬ」の未然形と意志の助動詞「む」の終止形と判断する。意味は〝都の方へ帰ろう〟。選択肢で該当するのは、連用形に接続している1である。2・3は活用語の未然形に接続しているので他への願望を表す終助詞「なむ」、4は文末が連体形になっており、訳出されないので係助詞「なん（なむ）」。
問八　本文最後の一文は、陸奥方面へ行きたかったけれどやめようと思い返して、都に帰ろうと思い、まずは鎌倉へ帰った、という意。よって、「鎌倉から迂回して（陸奥へ）行くことにした」とする4が適切でない。

三

出典　平出隆『遊歩のグラフィスム』〈ⅩⅩⅧ　清らかな預言の織物〉（岩波書店）

解答

問一　4
問二　3
問三　1
問四　3
問五　4
問六　3
問七　2
問八　3

◀解　説▶

問一　空欄4の三段落後に「『一日一行』がもつ意味、『一日一善』からは遠くへだたる意味とは、…さまざまな身体の動きとともにあるからではないか」とある。「一日一善」の説明ではなく、あくまで「一行なしに一日なし」の説明であることに注意。
問二　仕事に直接関わらない時間こそが次の作品の時間を醸成させると考え（傍線部②の次の段落）、十九年も新詩集を刊行していない筆者にとって、ベンヤミンの「あえてとる『ひと筆もなき数週間』のヴァカンスには意味がある」（傍線部②の前段落）とする記述は、今の状況を肯定的に捉える後押しとなるものである。1は「プリニウスに由来する成句によって」が不適。プリニウス由来の成句自体ではなく、その成句に付されたベンヤミンの「とはいえ、そんな数週間はあってよい」という言葉が「長期休暇有意義説」である。
問三　次の段落に「line ということばが、文学方面だけでも、おびただしい意味をもつことは列挙するまでもないだろう」とはあるが、これは「行」という語の多義性のことであり、1にあるような「『一行』の中に表現可能な多義性」ではない。紛らわしいのは4だが、「一日一行」という語そのものが一日と一行を対応させており、また傍線部③の前の段落から続く七つの段落で、両者の類似性が考察されているので、4は適切。1が正解となる。
問四　「stroke」ということばの意味を具体的に挙げた空欄4のある段落、「運動性」について述べたその後の二つの段落を経て、筆者は「一日一行」がもつ「一日一善」とは異なる意味を、「線が呼び起すこのようにさまざまな身体の動き」とまとめている。
問五　空欄A・Bの二つ後の段落に「解きえない圧倒的な状況」「眼前の大気としてそそり立ち」とあることから考える。
問六　野田宇太郎氏の「文学散歩」は、筆者の旅とは対照的なものとして述べられており、1・2・4は「文学散歩」の説明だとわかる。3については、「空虚から空虚へと渡り歩きするためには、文学的実証主義とは別の、筋道や論理や直観が必要になる」（最後から四段落目）との記述が、「文学的実証主義」に筋道や論理があることを前提とするものであるため、適切でない。そもそも「歩行経路」に限定している点も不適。
問七　「空虚」とは「過去はついにわがものとしえないという感覚」（傍線部④のある段落）、そして傍線部⑤の前にあるように「確かにここなのに、なにもない」という状況に圧倒される感覚である。その感覚に筆者は「ときによっては腰も抜かさんばかりになる」ほどの衝撃を受けるのである。3がやや紛らわしいが、「時間というものの空虚さ」が不適。ここでは時間について言及されていない。
問八　「行く先々にはなにもない」「空虚から空虚へと渡り歩きする」（傍線部⑥の前の段落）行為を続けると、自然と文章も同じようなもの（＝遊歩の文章）となる、ということである。〝何もないところに行く〟行為と文章が関連している選択肢は2、3だが、2は「挫折感を記述する文章には遊び心が不可欠」が不適。挫折感を記述する文章についても、遊び心についても筆者は言及していない。よって、3が正解。

二月十一日実施分

問題

（六〇分）

〔一〕　次の文章を読んで、後の問いに答えよ。解答番号は〔一〕の 1 から 13 までとする。

ユダヤ人はかつてヨーロッパに存在しながらその社会の内側に入ることの許されない外部的な存在だった。ヨーロッパのカトリック・キリスト教社会が築き上げたユダヤ人差別と身分制という壁がユダヤ人をヨーロッパ内部の異人としてしまったのであった。しかし、①ヨーロッパ中世においてユダヤ人は外部者であるがゆえに「問題」として捉えられることもなかった。ユダヤ人の存在がまさに「問題」としての存在、つまり「ユダヤ人問題」として立ち上がってきたのは近代に入ってからであり、国民国家の形成とともに市民社会が成立し始めてからであった。フランス革命時におけるユダヤ人解放令に代表されるように、ユダヤ人が身分的に解放されて市民としてキリスト教徒と平等になってからの現象なのである。

市民社会になって建前として市民として平等になってはじめて、ユダヤ人を異質な「民族」だとして外側に押し出そうとする排斥の力が働いたのである。反ユダヤ主義《アンティ・セミティズム》といわれる②新たな現象に支えられて「ユダヤ人問題」が誕生したのであった。同時に新たに広がっていった人種論や社会ダーウィニズムのⓐギジ科学的な議論を駆使しながら、ユダヤ人はたとえキリスト教徒に改宗して同化しようとしたところで、ユダヤ人であって、居住する国民国家における市民として決して平等になることができなかったのである。ヨーロッパにおける憎悪のうねりは一九世紀末のロシア帝国におけるポグロム（ユダヤ人虐殺）というかたちでユダヤ人虐殺に連なっていったが、二〇世紀に入ってからはナチスのホロコーストという最悪の事態を引き起こした。

第二次世界大戦後にヨーロッパに新たに移民してきたムスリムも九・一一事件後、「イスラモフォビア」などと呼ばれる、「反ユダヤ主義」とよく似た排斥に直面している。ユダヤ人もムスリムもその多くはヨーロッパ各国の市民として生活しているが、ユダヤ人は、ヨーロッパに同化できない「　8　」とみなされるムスリムとは違ってヨーロッパそのものの価値を体現している存在だといってよかった。ヨーロッパのユダヤ人の歴史はヨーロッパのキリスト教の歴史のコインの表裏の関係としてあったからである。キリスト教がユダヤ教を母体として成立したために、ユダヤ教的な文化はキリスト教に影響しており、ヘブライズムがヘレニズムとともにヨーロッパ文化の源流と呼ばれたりもする。近代以降、ユダヤ人が果たしてきた知的な役割はいくら強調しても強調しきれない。マルクスからアインシュタインまでユダヤ人の知のⓑキョセイは数限りなく存在するからである。

にもかかわらず、ユダヤ人はヨーロッパの「内なる他者」であり続けた。近代に入って興隆してきた反ユダヤ主義は「内なる他者」を示す一つの徴にすぎない。ユダヤ人は中世においてキリスト教徒の共同体の外に位置する存在であったがゆえに、キリスト教徒は賤民《せんみん》として卑下あるいは軽蔑していればよかった。そもそも、ユダヤ人は近代以前には信徒集団としてのユダヤ教徒にすぎなかった。ところが、近代以降ユダヤ人は「人種」あるいは民族集団とみなされるようになった。このようなユダヤ人観の転換が「ユダヤ人問題」を創り出したのである。ヨーロッパが啓蒙主義の時代を経た市民革命後、③ユダヤ人は市民として「仲間」になった。もちろん、ユダヤ人解放令の発布は市民革命が起こる時期と重なっていた。もっとも先進的なイギリスでは一八世紀中ごろ、フランスではフランス革命中の一八世紀末、ドイツでは一九世紀を通じて徐々にユダヤ人は身分的に解放されていった。

ユダヤ人問題が深刻になっていったのは市民社会として「国民国家」が形成をはじめてからのことであった。「国民国家」はフランスならフランス人の国家を作るということであり、フランス市民として自由と平等をⓒキョウジュすることである。ユダヤ人はユダヤ人である前にフランス人であろうとした。中には先祖伝来のユダヤ教信仰を棄《す》ててキリスト教徒に改宗して、より「完全な」フランス国民になろうと努力したユダヤ人もいた。ところが、このようなユダヤ人の同化に向けての努力にもかかわらず、④ユダヤ人が国民になることを阻止するような理屈が生み出された。それがユダヤ人を区別する「人種」という概念であり、さらに社会進化論という武器で人種としての「ユダヤ人」は「アーリア人」よりも劣っているという偏見が助長されるようになった。そもそも、アーリア人とは一九世紀の比較言語学が生み出したインド・ヨーロッパ語族の言語集団のことであったが、そのような集団がアーリア人という民族あるいは白人という人種に置き換えられていったのである。そして人種論が白人とか黒人などをランク付けする人種差別と連動していったのである。

ところで、ユダヤ人がアシュケナジームと⑤スファラディームに分類されることはよく知られている。いずれもヘブライ語で、アシュケナジームは「ドイツ」出身（中世高地ドイツであるイディッシュ語をしゃべる人びと）、スファラディームも「スペイン」出身（中世スペイン語のカスティーリャ方言のラディーノ語をしゃべる人びと）という意味である。ドイツやスペインなどの呼称に関わっていることからヨーロッパの歴史に深く関わっていることが窺《うかが》える。スファラディームはユダヤ人が一四九二年にスペインから追放されたことに由来する。ユダヤ人はスペインに古くから住んでおり、とりわけスペインがイスラーム王朝に統治されていたころには宮廷でⓓチョウヨウされた。しかし、レコンキスタ（キリスト教徒によるムスリムからの国土回復運動）の結果、スペインがキリスト教徒の手にⓔダッカンされるとユダヤ人はムスリムとともに追放された。追放されたユダヤ人の多くはイタリア、あるいは北アフリカ、さらにはオスマン朝の統治するバルカン、小アジアなど東地中海地域にその避難先を求めたのであった。

アシュケナジームは中世に東方に移り住み、東欧・ロシアに定住するようになった。英独仏などの西欧社会のユダヤ人は一九世紀までにそれぞれの社会に同化していった。しかし、ロシア帝国支配下のユダヤ人は過酷な運命を強いられた。一九世紀終わりにはポグロムの嵐が吹き荒れ、多くのユダヤ人がヨーロッパを去って新大陸へと安全な場所を求めて移住した。さらに、二〇世紀に入ってからはナチス・ドイツによるホロコーストを経験し、六〇〇万人とも七〇〇万人とも言われるヨーロッパのユダヤ人が虐殺されたのは周知の事実である。

地中海のヨーロッパとは反対側のア中東イスラーム世界に居住するユダヤ人は教育を介してヨーロッパ近代を経験するものとなった。イフランス革命で身分的に解放されたフランスのユダヤ人は一八六〇年に⑥万国イスラエル人同盟（以下アリアンス）を設立し、地中海周辺地域に学校ネットワークを形成して、中東イスラーム世界に居住するユダヤ人同胞に対してフランス語による近代的な教育を施した。地中海周辺地域とは西はモロッコのカサブランカ、タンジェなどのマグリブ地域、サロニカ（現在ギリシア領のテッサロニキ）などのバルカン地域、イスタンブル、アレッポ、ダマスクス、エルサレム、バグダードなどの旧オスマン帝国領、そしてオスマン帝国から半ば自立していたエジプトのアレキサンドリアやカイロなど、スファラディームが多く住む都市にアリアンスの学校が設立された。そのために中東イスラーム世界に住むユダヤ教徒たちは近代的な職業訓練を受けて、隣人であるムスリムとは明らかに異なる道を歩み始めた。このような教育事業の背景にはウヨーロッパのユダヤ人が「オリエント」の同胞を救済するという「文明化の使命」の「宣教」的な優越意識があったことは否定できないが、ユダヤ人の近代化の流れは決定的になった。

しかし、このようなユダヤ人への教育が確実に「オリエント」の中に「ヨーロッパ」を移植することになった事実は否定できない。フランス語はヨーロッパの知識や技術を身につけるための有効な武器であったからである。例えば、パレスチナに最初の農業学校を開いたのはこのアリアンスの企画力とフランスのユダヤ系財閥ロッチルド男爵の財力によってであった。そして近代的なぶどう園とワイン工場が建設された。ユダヤ教徒にとって赤ワインは過ぎ越しの祭りに使用されるために不可欠な飲み物なのである。

アリアンスの活動はユダヤ人国家を作ろうという、シオニズムという新しいナショナリズムのうねりが起こるまで地中海周辺世界のユダヤ社会にとっては重要なものであった。ところが、シオニズム運動が起こるとシオニストたちはパレスチナへの入植と外交交渉という二つの違ったやり方で国家建設のための活動を始めた。まず、エロシア帝国下のユダヤ人たちがユダヤ教の信仰によってエルサレムに巡礼するのとはまったく異なる「シオンへの愛」というナショナリズムの表現をとってパレスチナに移民・入植し始めたのである。ロシア帝国というヨーロッパの周辺部、それも資本主義的な発展の遅れたロシアでは上からの近代化が急速に進められていく過程で、その発展を阻害する高利貸しなどの商業資本を牛耳るユダヤ人への差別・迫害が国家のレベルで組織化されていった。そのために、ロシア正教が支配するロシア・キリスト教徒社会では「イエス・キリスト殺し」のユダヤ人というような民衆の素朴な反ユダヤ主義的感情もあいまって、ポグロムという最悪の暴力的なかたちをとった。そのような反ユダヤ主義への反発からロシアのユダヤ人の間にシオニズム運動が生れたのである。そのシオニストたちはホヴェヴェイ・ツィヨーン（シオンを愛する者たち）と名乗ってパレスチナへの移民を始めた。

次に、外交交渉によるシオニズム運動は、ブダペスト生まれのジャーナリストのテオドール・ヘルツル（一八六〇－一九〇四年）によって始められた。ヘルツルはパリで取材中にドレフュス事件を目撃した。一八九四年、ユダヤ人のドレフュス大尉は対独スパイの容疑で逮捕、有罪判決を受けたが、冤罪《えんざい》だとして作家のエミール・ゾラなどがドレフュス支援の運動を一八九八年に展開して、フランスの世論を二分する事件になった。自由・平等・博愛の共和国であったはずのフランス社会で反ユダヤ主義が依然根強く残っていたことにヘルツルは強い衝撃を受けた。東欧・ロシアとは異なるはずの西欧社会にも反ユダヤ主義が巣くっていたのである。そんな衝撃の中でヘルツルは『ユダヤ人国家』というパンフレットを書き、ヨーロッパのユダヤ人問題を解決するためにユダヤ人国家を設立してそこにユダヤ人が移り住む必要性を説いたのである。もちろん、ヘルツルの頭の中には時代の趨勢《すうせい》のなかでどんどんと比重を増してきているナショナリズムの現実がある。つまり、一国家には一民族という民族国家の発想が前提となって、ユダヤ人もユダヤ人国家を建設すべきだと考えたのであった。ただ、そのユダヤ人ナショナリズムはイギリスなどの列強の力を借りて外交交渉を通じてその目的を達成しようとしたものだったのである。そしてそのような強引なやり方のために、パレスチナという一地域がヨーロッパのユダヤ人問題の移植という過程を通じて国際政治の濁流に飲み込まれていき、その後現在まで続く紛争を引き起こすことになった。つまり、第一次世界大戦後に「ユダヤ人国家」建設の礎となるパレスチナ委任統治が開始され、一九四八年五月のイスラエル国家建設につながるのであった。

（臼杵陽『イスラームはなぜ敵とされたのか——憎悪の系譜学』による）

問一　二重傍線部ⓐ〜ⓔの漢字と同じ漢字を含むものを、次の各項の中からそれぞれ選び、その番号をマークせよ。

[1] ⓐ
1　シジ政党
2　キンジ計算
3　選挙のコウジ
4　バンジ休す

[2] ⓑ
1　国際ジョウセイ
2　地方ギョウセイ
3　大器バンセイ
4　エイセイ放送

[3] ⓒ
1　キョウハク観念
2　キョウヨウ教育
3　キョウラク的な生活
4　キョウサン主義

[4] ⓓ
1　シンチョウな行動
2　講演のチョウシュウ

5
3　チョウハツ的な態度　　4　時代のチョウリュウ
ⓔ　1　血液のジュンカン　　2　利益をカンゲンする
3　新年のコウカン会　　4　首都がカンラクする

問二　傍線部①の理由として、最も適切なものを次の中から選び、その番号をマークせよ。6
1　キリスト教の共同体の外側にいたユダヤ人に関心を持つ人は少なかったから
2　ユダヤ人に対する差別は存在してもその事実が知られることはなかったから
3　ユダヤ人がキリスト教徒と平等であるという建前自体が存在しなかったから
4　市民社会の成立以前はユダヤ人差別に関する人々の問題意識が低かったから

問三　傍線部②の特質はどういうものか。最も適切なものを次の中から選び、その番号をマークせよ。7
1　ユダヤ人をキリスト教徒より下位の身分と考える
2　ユダヤ人を信徒集団ではなく人種や民族とみなす
3　ユダヤ人を改宗させてキリスト教徒に同化させる
4　ユダヤ人を憎悪や偏見によって社会から排斥する

問四　空欄 8 に入る言葉として、最も適切なものを次の中から選び、その番号をマークせよ。8
1　異民族　　2　異教徒　　3　外側の他者　　4　内なる他者

問五　傍線部③の説明として、最も適切なものを次の中から選び、その番号をマークせよ。9
1　市民として身分的には平等になる一方でユダヤ人に対する差別は続いた
2　ユダヤ人がキリスト教徒と平等な市民になり差別や迫害から解放された
3　市民革命によってユダヤ人がヨーロッパの「内なる他者」へと変化した
4　ユダヤ人が身分的に解放される代わりにキリスト教への改宗が促された

問六　傍線部④はどういうものか。最も適切なものを次の中から選び、その番号をマークせよ。10
1　ユダヤ教からキリスト教に改宗しても人種や民族としてユダヤ人であるなら「国民」にはなれない
2　ユダヤ人が「国民」になるためにいくら努力しても人種としてはアーリア人に比較して劣っている
3　ユダヤ人が先祖伝来の信仰を棄てたとしても生来キリスト教徒の「国民」と完全には同化できない
4　ユダヤ人は進化論的に劣等な人種であるから近代市民社会を形成する「国民」として認められない

問七　傍線部⑤にあてはまるのは次のうちのどれか。最も適切なものを波線部ア〜エの中から選び、その番号をマークせよ。11
1　ア　中東イスラーム世界に居住するユダヤ人
2　イ　フランス革命で身分的に解放されたフランスのユダヤ人
3　ウ　ヨーロッパのユダヤ人
4　エ　ロシア帝国下のユダヤ人

問八　傍線部⑥の活動は本文でどう評価されているか。適切でないものを次の中から一つ選び、その番号をマークせよ。 12
1　地中海周辺地域に住むユダヤ人同胞に近代的教育を施したが、それは隣人であるムスリムとの分断にもつながった
2　「オリエント」のユダヤ人に啓蒙的な教育活動を行う中には、文明の側からの救済という優越意識が含まれていた
3　シオニズム運動とは異質なものであったが、ユダヤ人問題をパレスチナに移植する下地となったという面もある
4　近代化の推進によってユダヤ人国家建設の活動を展開したが、シオニズム運動に取って代わられることになった

問九　本文の内容と合致しないものを、次の中から一つ選び、その番号をマークせよ。 13
1　フランス語を武器に西欧の知識や技術を習得したユダヤ人たちは近代的な国家を自らの手で設立しようと企てた
2　ユダヤ人によってパレスチナに近代的なワイン工場が建設されたのはシオニストたちが入植し始める以前である
3　ロシア帝国支配下のユダヤ人に対する国家レベルの差別や迫害への反発を契機にしてシオニズム運動が始まった
4　国民国家の形成は近代における反ユダヤ主義の背景となると同時にユダヤ人国家建設の発想にもつながっている

〔二〕　次の文章を読んで、後の問いに答えよ。解答番号は〔二〕の 1 から 8 までとする。
また、①本歌を取るやうこそ、上手と下手とのけぢめことに見え候へ。そのやうも、定家卿書き置かれしものに、こまかに候ふやらむ。さながらまた、本歌のことば、句の置き所もたがはねど、あらぬことにひきなして、わざとよくきこゆるも候ふぞかし。俊成卿女とて候ふ歌よみの歌、続後撰に入りて候ふやらむ、
Ⅰ　さけば散る花のうき世とおもふにもなほうとまれぬ山ざくらかな
源氏の歌に、
Ⅱ　②袖ぬるる露のゆかりとおもへどもなほうとまれぬやまとなでしこ
句ごとにかはりめなく候へども、上手の仕事は、難なく、わざともおもしろくきこえ候ふを、まねぶとても、なほ及びがたくこそおぼえ候へ。
かやうのことども書きつらね候はば、浜のまさご数かぎるべくも候はねど、ただいまきとおぼえ候ふことばかりを、御使をとどめながら、書きつけ候ふなり。

†

また、うつりゆく世々にしたがひて、歌のすがたもみな変り候ふにこそ。いにしへの歌、今の歌をならぶれば、火と水とのごとし、など申して候へども、なかごろ、近き世の人々の歌も、むかしの歌に、おのづから劣らぬなどもや候ふらむ。
また、いにしへの歌のやさしく、いかなる世にもふりがたく、おもしろくやさしき心ことばをこそ、今の世にも、上手とお

ぼゆる人々は、③このみよみあはれ候ふめれば、むかし今、かはるべきにもあらず。

また、四季の歌には、そらごとしたるわろし。ただ、ありのままのことを、やさしくとりなしてよむべし。④恋の歌は、利口、そらごと多かれど、わざとも苦しからず。「枕の下に海はあれど」「胸は富士袖は清見が関」とも、ただ、思ひの切なる風情をいはむとて、いかほどもよそへいはむこと、四季の歌にことなるべし、と申され候ひき。

また、四季の歌のそらごとも、やうによるべし。遍昭僧正の「玉にもぬける春の柳か」などよまれたるをはじめて、「有明の月と見るまでに吉野の里にふれる雪」、花を「雲に似たり」ともとりなすことどもは、いつはりながら、まことにさおぼゆることなれば、くるしからず。⑤さらでは、なきことをよむべからずといふことも、よくよく心得分くべきにや。

†

また、とりあへぬことに、時もかはらずよみいづる歌の返し、たちながらいひいだす歌は、さしあたりてただ今いひたきことを、さまよくつづけ候ひぬれば、何の風情にも過ぎて候。⑥小式部内侍、定頼中納言をひきとどめて、「まだふみもみず天の橋立」と申しけることや、周防内侍、忠家大納言と、「かひなくたたむ名こそ惜しけれ」と申しかはしける心とさなどは、ただ人の心たましひにより、歌の道にしほなれぬる位のあらはるるにて候へば、むかし今申すにもおよび候はず。⑦今はかかる谷の朽ち木となりはてて候ふとも、さるやさしき人々だに候はば、などかは口とくあひしらふこともさぶらはざらむとおぼえて、その世の人々うらやましくこそ候へ。
（『夜の鶴』による）

1
問一　傍線部①の説明として、最も適切なものを次の中から選び、その番号をマークせよ。
1　Ⅰの歌はⅡの歌の趣向を取り入れつつ、新たな歌としても味わうに足るものになっている
2　Ⅰの歌はⅡの歌の言葉遣いを真似たもののわざとらしくつまらない歌になってしまっている
3　Ⅱの歌はⅠの歌を想起させる句を配置しつつ、独立した歌としても趣あるものに仕上がっている
4　Ⅱの歌はⅠの歌の句に似せてはいるが、かえって珍妙に聞こえる歌になってしまっている

2
問二　傍線部②が表すものとして、最も適切なものを次の中から選び、その番号をマークせよ。
1　涙　2　命　3　女　4　雨

3
問三　傍線部③の意味内容として、最も適切なものを次の中から選び、その番号をマークせよ。
1　この御代を見て哀愁を感じていらっしゃるようなので、昔も今も、変わることがない
2　好んで詠みあっておられるようであれば、昔と今とで、変わることは適切ではない
3　この御代を見るしみじみとした趣の深い方々ですので、昔も今も、変わるはずもない
4　好んで詠みあっておられるようですので、昔と今とで、変わるはずのものでもない

問四 傍線部④の意味内容として、最も適切なものを次の中から選び、その番号をマークせよ。 4
1 恋の歌は、冗談やだまし合いの言葉が多いけれど、修辞技巧であるなら問題はない
2 恋の歌は、巧みな表現や作りごとが多いけれど、これは格別いけないことでもない
3 恋の歌は、賢しらな表現や詭弁の使用が多いが、わざわざ使っているとも思えない
4 恋の歌は、利発な人がうわの空であることが多いが、わざとでなければ見苦しくない

問五 傍線部⑤の意味内容として、最も適切なものを次の中から選び、その番号をマークせよ。 5
1 そうでないなら、ありもしないことを詠んではならないことも、十分にわきまえるべきである
2 それにくわえて、嘘偽りの内容を詠むべきでないことにも、重々、心配りをしておくべきである
3 それ以外には、妄想めいたことを詠むべきではないという教えも、よくよく考え直すべきである
4 さらには、泣き言については詠むべきではないということも、確かに理解しておくべき事である

問六 傍線部⑥で引用されている和歌に対する作者の評価として、最も適切なものを次の中から選び、その番号をマークせよ。 6
1 どんな時であっても、和歌の達人が詠んだ歌は、内容はともかく形式は整っている
2 即興的に凡人が詠んだ和歌も、歌の名人が手助けをすると表現が洗練されて風情がある
3 和歌の名人同士が、おもむろに詠みあった歌は、細かい修辞が優れていて感心する
4 とっさに詠むにもかかわらず、当意即妙に形を整え自分の思いをこめるのはさすがである

問七　傍線部⑦の主体として、最も適切なものを次の中から選び、その番号をマークせよ。［7］
1　俊成卿女
2　小式部内侍
3　周防内侍
4　作者

問八　本文の内容と合致しないものを、次の中から一つ選び、その番号をマークせよ。［8］
1　俊成卿女が詠んだ歌も、『源氏物語』で詠まれた歌も、凡人には真似ができないおもしろさがある
2　時代によって大きく異なると思われる歌だが、昨今の歌にも古代の歌に劣らないものがある
3　たとえ修辞として効果的な場合でも、想像上の事柄を詠み込んだ歌は優美さに欠ける
4　優雅な人たちが即座に歌をやりとりしていた昔を思うにつけ、当時の人々がうらやましい

〔三〕　次の文章を読んで、後の問いに答えよ。解答番号は〔三〕の［1］から［8］までとする。

子どもの頃、叱られたりすねたり、あるいは自己主張を通したい時にこもる所、それはいろいろあった。押入、便所、蔵の中。まれには階段あるいは階段のかげ。まずたてこもるには、［1］がいいということがあった。現今ではそれぞれ個人の勉強部屋をもっている子どもも少なくないらしいが、昔はかなりいい家の子どもでも、きょうだい一緒の部屋であった。だから、たてこもるには不便であった。完全な自分の①〈解放区〉にはなりえなかった。それで先述のような場所がえらばれた。

いま考えてみておかしいと思うのは、そのような場所は、ふだんなら〈こわい〉と感じて、むしろ近づかないところばかりである。妙な影が壁にうつっていたとか、ふしぎな呻《うな》り声をきいたとか、そういった類いのことを家人の誰かが口にした場所で、日頃ひとりでは［3］していた一劃《かく》だ。

こわい場所だから、誰も近づかない。それゆえ選んだということもいえるかも知れない。

しかしそれだけではなくて、そのこわい場所の雰囲気が奇妙な安心感をあたえたこともあったろう。安心感というよりはもっと魔性めいた力を自分にあたえてくれるような思いにとらわれたことも記憶している。

そこの場所は、居間や茶の間、そして勉強部屋などとどこか違っている。たとえば便所にしても、用を達す時とそういった時とでは、戸をしめた感覚がすでに違っていた。〈解放区〉として戸をしめたとたん、そこはいつもの世界とことなり、なにか力をあたえてくれる空間となった。そこにある沈黙は妙に血をさわがせた。この力とはいったいなんであろう。なにしろそこには、家族ひいては家族の倫理に対抗させるなにかの力があった。家族らしい陰湿さにたいしてかえって憎悪の焔《ほのお》をもえあがらせるなにかがあった。
②階段もたまにたてこもる場所になった。いまは階段に照明がつき明るいところが多くなってしまったが、以前は階段といえ

ば暗いところにきまっていた。たてこもるとはかっこいいが、半ば自ら隠れる意味もあるから、階段の闇は〈解放区〉としては悪くなかった。ふだんでも、[A]なにかの拍子で階段の上を見あげると、そこにただならぬ闇があって、ぎょっとしたりする。小さい頃、夜二階へいってなにかとってこいなどという用事をいいつけられると、[B]階段の上の闇を思い出しておびえたものだ。

一方二階の部屋でひっくりかえって本を読んでいてついうとうとした時など、きまって階下から声がきこえてきて、あわてて階段口へいざりよると、母が食事をつげていたりする。

そういう時の母の声は、③ふだんより甘くやさしいものに感じられて、一瞬いつも階段を通してその声をききたいと思ったものだ。このように階段というものは上の空間と下の空間をつなぐだけでなく、もうひとつなにかを秘めた空間であって、そこにはいつも音のしない風が吹いている感じがする。ある時にはその風は人を冷ややかな世界へ突き放し、ある時には人を奇妙なぬくもりの中へとりこもうとする。こういった場所ゆえ、〈解放区〉に適したのかも知れない。

団地アパートの階段などでボール投げをして遊んでいる子どもたちの姿をよく見かける。あるいはいかにも危なっかしいかっこうで手すりによじのぼっている子どもを見かける。

なぜか階段で遊んでいる子はひとりが多い。

その姿はいかにも淋しげである。しかしぼくはそんな姿を見ると、どこかほっとするのだ。淋しげに見えてもその子は、その場で新しい体験をしている。逆にいえば、その子にとって、ともあれ階段は生きている、息づいている。孤独の場所として、試練の場所として、新しい力をあたえる場所として、その子の時間を刺激しつづけていると思ってしまう。

階段の踊り場は建築学的にどのように位置づけられているかは知らない。ただよくいわれることだが、そこでステップをかえてのぼりおりするので、なにか踊りを踊っているようなリズムが体に忍びいってくる。つまり日常の中に不意に非日常リズムが侵入してくるのだ。あるいは〈ドラマ性〉といおうか。

これほどではないにしろ、踊り場のないふつうの階段でも④これに近い体験をうる。ただし今のような明るい階段ではなく暗い階段にかぎる。白昼の通りから玄関へ走りこむ。二階へおき忘れたグローブをとりにいく。そんな時でも階段の闇に対する恐怖が条件反射的に足をつまらせ、どこか盗みにでも入るような足どりにかえてしまう。そして不意にその子は劇中の人物になったような興奮におそわれる。

階段に籠城した場合、かなり不安定なかっこうをしいられる。むかしの階段はよく磨かれているので滑りやすく、それで手すりとか壁とかに手をのばし体をささえなければならない。実に宙ぶらりんな気持だ。ひょいと階上を見あげたり、階下の床に忍びいる斜光をのぞきこんだり、そうこうしているうちに、叱られた悲しみとか怒りとかがふしぎな増幅をおび、ヒロイックな衝動につきあげられ、自分が変身していくような感じをうる。

思えば、母や姉の美しさを知りたじろいだのは階段の闇ではなかったろうか。そこへ現われてくる白い足の発見が、大人への新しい時間へひきずりこむものであった。〈その家の息子〉という皮膚をひんむかれた大人の時間。そこの闇で見る母や姉は、はっきりいってなまぐさい存在であり、一瞬それにおびえたりするが、にもかかわらずその白い足が再び現われてくるのを待って階段の下にたたずんだりしたものだ。その時の眼は、家族が家族を見る眼ではなく、いうなれば階段の闇がそういった眼を育ててあげてくれたともいえる。

押入にしてもそうだ。たてこもり押入の中でついうとうとして見る夢は、いつもの寝室で見る夢とは違う。納屋や土蔵にしても同じだ。そこに閉じこもってみる夢は安らかなものはなにひとつなかった。いろんなものへの憎悪でみちあふれていた。家族の一人が夢の中へ現われようものなら、醜悪きわまりない姿かたちで迫ってくるのが常であった。

もしかしたら、自分はとんでもない人間じゃないのか、こんな夢なんか見るなんてどうかしている、そんな怖れでさいなまれることも少なくなかった。そういった空間の中では、自分でもおののくような〈魔〉の力がつくような錯覚にとらわれた。
（清水邦夫「火から遠い沈黙」による）

問一　空欄［1］に入る言葉として、最も適切なものを次の中から選び、その番号をマークせよ。［1］
1　解放的な区域　2　孤立した場所　3　共有の空間　4　おそろしい部屋

問二　傍線部①の説明として、適切でないものを次の中から一つ選び、その番号をマークせよ。［2］
1　見慣れた日常が異化されて非日常的なものを感じられる空間
2　素のままの自分をさらけ出して開放的気分を堪能できる空間
3　家族と離れて家族というものに対抗心を掻き立てられる空間
4　不気味でありながらも安心感と奇妙な力を与えてくれる空間

問三　空欄［3］に入る言葉として、最も適切なものを次の中から選び、その番号をマークせよ。［3］
1　遠慮　2　回避　3　敬遠　4　嫌悪

問四　傍線部②の説明として、適切でないものを次の中から一つ選び、その番号をマークせよ。［4］
1　自分が変わっていくような新しい力をあたえてくれる場所
2　家族を生身の一人間としてみる眼を育て上げてくれる場所

3　劇中の人物になり変わるような演技力を磨いてくれる場所
4　上下をつなぐだけでなく、間になにかを秘めた静かな場所

5
問五　空欄 A B に入る言葉の組み合わせとして、最も適切なものを次の中から選び、その番号をマークせよ。
1　A　ふと　B　あわてて
2　A　とっさに　B　ふと
3　A　とっさに　B　つい
4　A　ふと　B　とっさに

6
問六　傍線部③の理由として、最も適切なものを次の中から選び、その番号をマークせよ。
1　魔にとらわれそうなおそろしい夢から目が覚めて、日常の凡庸さに安心感を得るから
2　階下の母親の姿が見えないことによって、かえってその存在が強く意識にのぼるから
3　母の声をいつもとは違う響きにしてしまう得体の知れなさを階段は秘めているから
4　階段という中間領域を挟むことで対抗心や憎悪が昇華されて思慕の念へと変わるから

7
問七　傍線部④の説明として、最も適切なものを次の中から選び、その番号をマークせよ。
1　芝居がかった態度をとる体験
2　英雄のように勇敢になる体験

3　日常のリズムが変わるような体験
4　波乱に富んだドラマチックな体験

8

問八　著者の「子どもの頃」はどのように描かれているか。最も適切なものを次の中から選び、その番号をマークせよ。
1　独立心旺盛な子供で、孤独感を募らせながらも容易には甘えを見せなかった
2　自己主張が強く、「家族らしい陰湿さ」に対抗する反抗期の真っただ中にあった
3　変化におののきつつも、「その家の息子」から大人へと変わっていく過渡期にあった
4　裕福ではないものの、想像力で凡庸な日常生活を豊かに変えようとしていた

二月十一日実施分

解　答

一

出典　臼杵陽『イスラームはなぜ敵とされたのか―憎悪の系譜学』＜第2章　中東をめぐる反ユダヤ主義と親ユダヤ主義の共犯＞（青土社）

解答

問一　ⓐ―2　ⓑ―4　ⓒ―3　ⓓ―1　ⓔ―2
問二　3
問三　2
問四　3
問五　1
問六　1
問七　1
問八　4
問九　1

▲解　説▼

問二　傍線部①の「『問題』として捉えられる」のは、ユダヤ人が「市民としてキリスト教徒と平等になってからの現象なのである」と第一段落末にある。続く第二段落冒頭には「市民社会になって建前として市民として平等になってはじめて、ユダヤ人を異質な『民族』だとして外側に押し出そうとする排斥の力が働いたのである」とあり、「建前として」「平等」になる前は「『問題』として捉えられることもなかった」と考えられる。したがって正解は3。

問三　傍線部②「新たな現象」とは、直前の「ユダヤ人を異質な『民族』だとして外側に押し出そうとする排斥の力」となった「反ユダヤ主義」のこと。第四段落には、「信徒集団としてのユダヤ教徒」が近代以降に「人種」あるいは民族集団とみなされるようになった、というユダヤ人観の転換が「ユダヤ人問題」を創り出したとあり、第五段落では、「人種」という概念がユダヤ人を国民として認めない「理屈」として用いられたことが書かれている。人種、民族という概念はユダヤ人問題を語る際のキーワードと言える。
問四　ムスリムとユダヤ人との対比をおさえる問題。ムスリムとはイスラーム教徒のことであり、直前にあるように「ヨーロッパに同化できない」とみなされたのに対し、ユダヤ人は「ヨーロッパの『内なる他者』であり続けた」（第四段落）とある。ユダヤ人を表す「内なる他者」と対照的な語句を選ぶ。
問五　「『仲間』になった」とカギカッコつきで表記されていることに注意する。第一段落にあるように、「ユダヤ人が身分的に解放されて市民としてキリスト教徒と平等に」なり、表面的にはキリスト教徒と同等になったが、本当の意味で仲間になったわけではない、という意味合いをこめてカギカッコに入れられている。したがって正解は１。２、「差別や迫害から解放された」が誤り。３、同段落冒頭に「ユダヤ人はヨーロッパの『内なる他者』であり続けた」とあるので「変化した」はおかしい。４、改宗が促されたとは書かれていない。
問六　傍線部④の「理屈」とは、直後に説明されているように「ユダヤ人を区別する『人種』という概念」であり、そこからさらにアーリア人よりユダヤ人が劣っているという偏見が助長されていくのである。紛らわしい選択肢が多いが、国民になれないのは人種が異なるからだ、という論理をおさえることが重要。２と４は〈人種として劣っている〉ことを理由にしている点で不適。人種の優劣は「理屈」が生じて後に助長された偏見によるものである。
問七　スファラディームの避難先の一つに東地中海地域が挙げられており（第六段落）、それが波線部アを含む「地中海のヨーロッパとは反対側の中東イスラーム世界に居住するユダヤ人」と合致する。２と３は第七段落で言うところの「西欧社会のユダヤ人」を指し、４はアシュケナジームのことである。

問八　4について、万国イスラエル人同盟（アリアンス）が「ユダヤ人国家建設の活動を展開した」とは書かれていないため、適切でない。国家建設のため活動したのは、シオニストと呼ばれる人たちである（第十段落）。
問九　1について、ユダヤ人が「フランス語を武器に西欧の知識や技術を習得した」のは、第八段落にあるように、アリアンスの活動による。一方で第十段落によると、「近代的な国家を自らの手で設立しようと企てた」のはシオニストたちであり、両者を結びつけて説明するのは不適切である。

二

出典　阿仏尼『夜の鶴』

解答

問一　1
問二　1
問三　4
問四　2
問五　1
問六　4
問七　4
問八　3

▲解　説▼

問一　Ⅰの俊成卿女の和歌を例に、本歌取りについて述べた部分。本歌取りとは、古歌（本歌）をアレンジして和歌を詠む方法で、この場合は『源氏物語』のⅡの和歌が本歌になる。筆者は「本歌のことば、句の置き所もたがはねど、あらぬことにひきなして、わざとよくきこゆる」（＝本歌の用語、句の配置も同じながら、まったく違う内容に詠んで、ことさら良く聞こえる）と、Ⅰの和歌を褒めているのである。
問二　「袖ぬるる」は涙を流すことを言う。頻出の表現なので覚えておくこと。
問三　傍線部③の前半を漢字で表記すると「好み詠み合はれ候ふめれば」となる。「れ」は尊敬の助動詞、「めれ」は推量の助動詞で、已然形に接続助詞「ば」が接続しているので、〝好んで詠み合われているようですので〟という訳となる。
問四　「利口」には〝上手な表現、冗談〟などの意味があるが、恋の歌に関する記述であること、「そらごと」とセットであることを考えて、傍線部④の前半は、上手な言い回しや作りごとが多い、という文脈だと考える。この段落の冒頭「四季の歌には、そらごとしたるわろし」と対比させている部分であることに留意。
問五　「さらでは」は〝そうでないなら、それ以外は〟という意。四季の歌における誇張表現は本当にそう感じたので問題ない、とした上で、傍線部⑤は「なきことをよむべからず」（＝ないことを詠んではならない）と戒めているのである。
問六　傍線部⑥の前の一文にある、予期せぬことに即座に詠む和歌の形が整っていると、何の風情にもまして素晴らしい、という具体例が小式部内侍と周防内侍の和歌である。傍線部⑥直後の「心とさ」は「心疾さ」で、〝心の動きの鋭さ〟の意。
問七　末尾の一文は筆者の心情が述べられている部分。〝今はこのように谷の朽ち木のようになってしまった身だけれど、周囲に優雅な人がいたら〟と、昔の人々をうらやましがる気持ちが吐露されている。
問八　四季の歌に関しては「なきことをよむべからず」とあるが、それも「いつはりながら、まことにさおぼゆることなれば、くるしからず」という前提の上であり、また傍線部④にあるように「恋の歌は、利口、そらごと多かれど、わざとも苦しからず」というのが筆者の主張であるので（問四参照）、3の「想像上の事柄を詠み込んだ歌は優美さに欠ける」という記述は合致しない。

三

出典 清水邦夫「火から遠い沈黙」(大江健三郎・中村雄二郎・山口昌男編集代表『叢書文化の現在 3見える家と見えない家』岩波書店)

解答

問一 2
問二 2
問三 3
問四 3
問五 4
問六 3
問七 3
問八 3

▲解説▼

問一 たてこもる場所として適当なのはどこかが問われている。空欄の後に「きょうだい一緒の部屋」は「たてこもるには不便」という記述があるので、一人になりやすい場所がよいと見当を付ける。
問二 1、「そこはいつもの世界とことなり、なにか力をあたえてくれる空間となった」(第五段落)、階段を例に語られる「日常の中に不意に非日常リズムが侵入してくる」(第十二段落)との記述と合致。2、〈解放区〉という語は本文のキーワードだが、「自分をさらけ出して開放的気分を堪能」ということではないので適切でない。3、「家族ひいては家族の倫理に対抗させるなにかの力があった」(第五段落)という記述に合致。4、第四段落の記述と合致。
問三 空欄3の前の文にある「ふだんなら〈こわい〉と感じて、むしろ近づかないところ」がヒント。2の「回避」と3の「敬遠」で迷うところだが、「むしろ近づかない」に意味が近いのは「敬遠」である。
問四 1、「(階段は)孤独の場所として、試練の場所として、新しい力をあたえる場所として、その子の時間を刺激しつづけている」（第十一段落）との記述に合致。２、最後から三段落目の記述に合致。３、「〈ドラマ性〉」（第十二段落）や「劇中の人物になったような」（第十三段落）との記述はあるものの、実際の演劇や演技力の話ではないので適切でない。４、「階段というものは上の空間と下の空間をつなぐだけでなく、もうひとつなにかを秘めた空間」（第八段落）との記述に合致。
問五　選択肢の中で目につくのが「ふと」と「とっさに」という語。「ふと」は何気ないこと、「とっさに」はすぐさま反応することを意味する。空欄Ｂが「用事をいいつけられると」に続いているので、反応するときの語句である「とっさに」はＢに当てはまると考えられる。４が正解。
問六　傍線部③の前後（第七・八段落）を読み取っていく。ここで重要なのは「階段」が果たす役割であることに留意し、「なにかを秘めた空間」という説明に合致する３を選ぶ。
問七　「これ」という指示語が指すのは、前段落の、階段の踊り場において「日常の中に不意に非日常リズムが侵入してくる」体験のこと。よって、３が正解。
問八　１、著者の独立心や孤独感については本文には描かれていない。２、「反抗期」であったことは感じさせるが、著者の人物像に自己主張の強さは当てはまらない。３、階段について書かれた、最後から三段落目の「大人への新しい時間へひきずりこむもの」「〈その家の息子〉という皮膚をひんむかれた大人の時間」との記述と合致。４、家庭の経済状況は本文でふれられていない。

二月十三日実施分

問　題

（六〇分）

〔一〕　次の文章を読んで、後の問いに答えよ。解答番号は〔一〕の 1 から 13 までとする。

近年、本が売れなくなっている。電車に乗っても、かつてのように揺られながら本を開いている人はほとんどおらず、本ひいては読書習慣もろともスマートフォンに駆逐されてしまったようにも見える。

とくにジャンルとして「文芸」の衰退は著しかった。しかしながら出版社としても、歴史と伝統ある「文芸」を店じまいにはできない矜持《きょうじ》がある。なんとか若い世代にもこのジャンルに触れてもらいたかった。

しかしながら、若者たちに本の魅力を伝えようとして、新聞や雑誌に広告を出しても意味がない。そもそもそうしたⓐバイタイを読んでいないからだ。新しいメディアを駆使しなければ若者にリーチすることができないことは明白だったが、それを出版社が能動的に仕掛けていくためのノウハウが十分ではなかった。策を考えあぐねていたときに、だれに頼まれるでもなく、本を紹介する動画によって若者たちを引き連れてやってくる※BookTokerが①向こう側から現れてくれた。これは業界にとってあまりにも幸運な偶然だった。BookTokerはいうなれば、分断の向こう側の世界から、わざわざ橋を架けようとしてくれた②救世主だったのだ。

だが、BookToker の想いも、古い世界の書評家には伝わらなかった。そんな方法で本が売れたからなんだというのだ――と追い返してしまったのだ。これが他の BookToker にも波及してしまえば、せっかくこれから大きな花が開くかもしれなかったひとつの土壌が「書評の文化と権威と伝統的な格を守りたい」という老人の　8　プライドのせいで失われてしまったことになる。

「すべてのジャンルはマニアが潰す」とは、いやはやよく言ったものだ。ⓑシンチン代謝のできなくなった組織は、腐敗して綻《ほころ》びていく。若い活力の流入は、細胞にしても組織にしてもジャンルにしても、中長期的な存続にとっては必要不可欠なのである。老大家の自尊心を慰撫するために、業界全体の発展と持続可能性を代償にする業界に未来はないだろう。
③しかし若者側にも注意すべき点はある。伝統的な業界人にケチつけられた若者たちのほとんどは、業界人たちが若者だったころのような血気盛んさはまるで持ち合わせていないという点だ。
年老いたせいで新しい潮流に理解が及ばなくなったかれらの懐古主義的な厭味に対して、若者たちは毅然と抵抗するでもなく、かれらのいまだ若々しい威勢にひたすらⓒヘイコウし、退いてしまうのである。あっさりとした敗北である。

これはたんに若者たちが弱腰になったというわけではない。そもそも目的が違うのである。BookToker をはじめ新しい表現者たちの活動はあくまで穏健さをベースとした、共感的な土壌で成立している。和やかで友好的な雰囲気のなかで「楽しいものをみんなでシェアしたい」というコミュニケーションを第一義的な目的としてやっているのだ。そこに鼻息荒く「格式」を語る権威的な年寄りがやってきたら、自分たちの楽しみに冷や水を浴びせられたような気分になり、たちまちやる気がなくなってしまうのだ。

若者たちは「揶揄される」とか「厭味を言われる」といった、㋐批判的で攻撃的なタイプの言語コミュニケーションを向けられることに慣れていない。㋑批判や揶揄は和を乱し、目的達成を困難にする行為として嫌われている。老大家たちが若かりし頃に流行した「〜を斬る！」といった攻撃的で戦闘的な文化とはまったく価値観が違うのである。

若者たちの「調和的」な雰囲気を最重要視する風潮を象徴する出来事が2017年にあった。かつてタレントとして芸能界で活躍し、現在は参議院議員となった今井絵理子氏が、東京都議会選挙の応援に参加する際にTwitterに「『批判なき選挙、批判なき政治』を目指して、子どもたちに堂々と胸を張って見せられるような選挙応援をします」と書き、大きな批判を浴びたのだ。

このとき、とりわけ中高年世代の知識層からは④「批判も国民の声だぞ！」とか「独裁主義者か！」といった非難の声が多数寄せられた。しかしながら、今井氏が発した「批判のない政治」というのは、この発言に憤りを覚えた人びとが考えたような「政治家が有権者の声を無視する独裁政治」を肯定する意図は一切なかった。

そうではなくて、もはや若者にとって、「批判」とは⑤建設的で価値中立的な営みではない。攻撃性やインシツさによって仲間内の雰囲気を悪くするネガティブな行為としてみなされていたから、そうした嫌な気持ちにならない政治を目指します、と伝えたかっただけなのだ。

著名BookTokerが、老大家との「異文化コミュニケーション」を経験した直後に、「楽しくなくなったからやめる」といったのも、同じ延長上の現象だ。楽しくみんなでやっていたのに、空気の読めない年寄りがやってきて偉そうに講釈を垂れてきたため、すっかり雰囲気が白けてしまい、続けるのが嫌になってしまったのだ。

若者たちの穏健で平和主義的で相互肯定的なコミュニケーションが土壌となって育んできた文化は素晴らしく、大切にされるべきものだ。しかしながら、その穏健さゆえの脆弱性もある。ときおり異世界からやってきては上から目線で厭味を言ってくる老人たちに対して、かれらはあっさりと白旗をあげてしまうのだ。トップランナーですらそうなのである。これはもったいないことだ。

これを永続的で大きなカルチャーとして育てていくには、退いてばかりいないでときに猛然と抵抗しなければならないだろう。老大家が若かりし頃に発揮していたその厚かましさや図々しさは、⑥必ずしも悪徳というわけではない。

老人たちは、文字どおり老いているがゆえに、自分たちの文化と連続性をもたない若者たちの世界を理解できなくなる。人は往々にして理解できないものを「わるいもの」「あってはならないもの」と直感する認知的な傾向がある。人間は年齢を重ねれば重ねるほど、概して排他的で旧態ⓔイゼン的になっていく。なぜこの社会に⑦「懐メロ」が次々と生まれるのか。人間はある年齢のタイミングで、外界からの新規性を求めなくなるからだ。

人間はだれしも、老いからは逃れられない。老いればやがて橋を渡り、若者たちの国から去らなければならない日がやってくる。

若者たちは、日々発展を続ける先進的なテクノロジーによって、気軽に表現し、発信できる時代に生きている。自分たちの表現によってたくさんの人とつながり、そして喜びや楽しみをシェアすることができる。

少し人が戻りつつある観光地や景勝地に行ってみると、踊ったり歌ったりしている若者たちが必ずといってよいほどいる。仲間と連れ立ってTikTokに投稿するための動画を撮影しているのだ。そうした中高生の姿は、いまではこの世界のあたり前の風景のひとつになった。かれらはもう、老人たちには知りえない世界を拓き、新しいつながりのなかで、次の物語を紡いでいる。

時間とともに新しく生まれてゆく世界は、間違いなく若者たちのものだ。


（御田寺圭「ブリッジ――分断された世代への橋渡し」による。ただし、本文中の見出しを省略した）

※ BookToker……TikTok（ティックトック）などの動画配信プラットフォームで本を紹介する人

問一　二重傍線部ⓐ～ⓔの漢字と同じ漢字を含むものを、次の各項の中からそれぞれ選び、その番号をマークせよ。

[1]　ⓐ
1　商品がカンバイする
2　植物のサイバイ
3　化学変化のショクバイ
4　応募者がバイゾウする

[2]　ⓑ
1　地盤チンカ
2　チンギンの上昇
3　チンチョウされる逸品
4　展示品のチンレツ

[3]　ⓒ
1　フヘイ不満
2　隣国にハヘイする
3　ミッペイ空間
4　ガッペイする

[4]　ⓓ
1　シツカンと手触り
2　シツド計
3　オンシツ育ち
4　ソウシツ感

[5]　ⓔ
1　イコンを晴らす
2　イドウ距離
3　相互にイゾンする
4　イロウ会

問二　傍線部①は何と何を対比した上での表現か。最も適切なものを次の中から選び、その番号をマークせよ。

[6]
1　専門家と素人
2　本を売る側と消費者
3　業界と若者コミュニティ
4　若い世代と高齢世代

問三　傍線部②のようにいう理由として、あてはまらないものを次の中から一つ選び、その番号をマークせよ。［7］
1　見返りを求めず、業界に貢献しているから
2　頼まれもしないのに、本の魅力を伝えてくれるから
3　抜群の宣伝効果をあげる影響力の持ち主だから
4　業界が満を持して送り込んだ期待のエースだから

問四　空欄［8］に入る言葉として、最も適切なものを次の中から選び、その番号をマークせよ。［8］
1　ちゃちな　2　まっとうな　3　野心的な　4　分不相応な

問五　傍線部③に対して筆者が提案しているものとして、最も適切なものを次の中から選び、その番号をマークせよ。［9］
1　上の世代を超えて血気盛んになれ
2　ときには抗い、戦う気概をもっともて
3　ひたすらに抵抗し、弱気になるな
4　老人たちの価値観をもっと理解しろ

問六　傍線部④の説明として、最も適切なものを次の中から選び、その番号をマークせよ。［10］
1　批判の不在が独裁政治への気づきをなくしてしまう
2　批判を封殺することが、独裁政治へとつながりかねない

3　批判勢力がいなくなることで、有権者が独裁政治を求めるようになる
4　批判がなくなるほど一致団結した国は、結果的に独裁と同様になる
問七　傍線部⑤と同様の趣旨の「批判」にあたるのは、波線部㋐〜㋓のうちどれか。最も適切なものを次の中から選び、その番号をマークせよ。 11
1　㋐　批判的で攻撃的なタイプの言語コミュニケーション
2　㋑　批判や揶揄は和を乱し
3　㋒　批判なき選挙
4　㋓　大きな批判を浴びた
問八　傍線部⑥にあてはまる事例として、最も適切なものを次の中から選び、その番号をマークせよ。 12
1　すぐに降参しようとする弱気な仲間を叱咤し、戦意を鼓舞しようとするものがいる場合
2　後進の世代が自分たちの場所を守るために、ときには戦おうとする場合
3　年長の世代が良識を発揮し、年少の世代を正しく指導できた場合
4　あっさりと後進に道を譲らず、頑固さを発揮して年長者が自説を固守する場合
問九　傍線部⑦はどのようなものの比喩か。最も適切なものを次の中から選び、その番号をマークせよ。 13
1　新しいものに背を向けて、過去を懐かしむためのいつまでも変わらない存在

2　記憶の中で変形して美化されていった、虚構的な存在
3　かつての美風が衰亡するのを防ぐためにもちだされる過去のお手本となる存在
4　古きよき時代の美と栄光を象徴する存在

〔二〕　次の文章を読んで、後の問いに答えよ。解答番号は〔二〕の 1 から 8 までとする。

一、一念に八十億劫の重罪を滅すと信ずべしといふこと。この条は、十悪・五逆の罪人、日ごろ、念仏を申さずして、命終の時、初めて、善知識の教へにて、一念申せば、八十億劫の罪を滅し、十念申せば、十八十億劫の重罪を滅して、往生すと言へり。これは、十悪・五逆の軽重を知らせんがために、一念・十念と言へるか。①滅罪の利益なり。未だ、我等が信ずる所に及ばず。
その故は、弥陀の光明に照され参らする故に、一念発起する時、※金剛の信心を賜はりぬれば、既に、※定聚《ぢゃうじゅ》の位に摂《をさ》めしめ給ひて、命終すれば、②もろもろの煩悩・悪障を転じて、※無生忍を覚《さと》らしめ給ふなり。この悲願ましまさずは、かかるあさましき罪人、いかでか生死を解脱すべきと思ひて、一生の間申す所の念仏は、皆、悉く、③如来大悲の恩を報じ、徳を謝すと思ふべきなり。
④念仏申さん毎《ごと》に、罪を滅さんと信ぜんは、既に、われと罪を消して、往生せんと励むにてこそ候ふなれ。もししからば、㋐一生の間、思ひと思ふこと、皆、㋑生死の絆にあらざることなければ、命尽きんまで、念仏退転せずして、㋒往生すべし。ただし、業報限りあることなれば、いかなる不思議の事にも逢ひ、また、病悩、苦痛を責めて、正念に住せずして終らん、㋓念仏申すこ

と難し。⑤その間の罪をば、いかがして滅すべきや。罪消えざれば、往生は叶ふべからざるか。
※摂取不捨の願を頼み奉らば、いかなる不思議ありて、罪業を犯し、念仏申さずして終るとも、速かに、往生を遂ぐべし。また、念仏の申されんも、ただ今、覚りを開かんずる期の近づくに随ひても、いよいよ、弥陀を頼み、御恩を報じ奉るにてこそ候はめ。
罪を滅せんと思はん⑥は、［A］の心にして、臨終正念と祈る人の本意なれば、［B］の信心なきにて候ふなり。

（『歎異抄』による）

※金剛の……この上なく堅固な様子を表す
※定聚……往生することに定まった人びと。正定聚の略。浄土真宗では阿弥陀の本願を信じて疑わなければ現世で正定聚に入るとされる
※無生忍……一切のものは空《くう》でそれ自体固有の性質を持たず、不生不滅であるという仏法を明らかに認めること
※摂取不捨の願……あらゆる衆生を浄土におさめ取って、捨てないという阿弥陀の本願

［1］

問一　傍線部①の説明として、最も適切なものを次の中から選び、その番号をマークせよ。
1　犯した罪の軽重を理解するために、仏道の勉学を修めること
2　念仏を唱えることによって、背負っている罪を消し去る功徳のこと
3　自分の抱える重い罪を清めるために、念仏の読誦を怠らないこと
4　念仏を一回唱えるのと十回唱えるのとで異なる、ご利益の差のこと

問二　傍線部②の理由として、最も適切なものを次の中から選び、その番号をマークせよ。 2
1　阿弥陀のすぐれた力にすがった結果、堅い信心をいただいているので
2　隈なく照らす阿弥陀の光を浴びると、念仏を唱えなくても往生できるので
3　念仏を唱えなくても往生が確定している地位をすでに現世で獲得したので
4　阿弥陀の光が照らす範囲内は穢れや煩悩がすべて取り除かれているので

問三　傍線部③の説明として、最も適切なものを次の中から選び、その番号をマークせよ。 3
1　一生念仏を唱えても生死の世界からは離脱できない大きな悲しみを悟ること
2　生死を繰り返す迷いの世界から解脱したことを阿弥陀に報告するということ
3　念仏を唱えることにより阿弥陀如来の寛容な慈悲の心に報いるということ
4　念仏を唱えて徳を積み現世の束縛から解放されるという報いを受けること

問四　傍線部④の説明として、最も適切なものを次の中から選び、その番号をマークせよ。 4
1　一生念仏を唱えることで世界から罪を根絶したのちに、往生するよう努力するということ
2　念仏を唱えても全部の罪は消えないが、信仰心を持つだけで往生することに近づくということ
3　往生しようと念仏を唱えるならば、罪を犯した自分自身の存在や罪を滅ぼせるということ
4　念仏を唱えることで自分に備わった罪を消し去り、みずから往生することに専念するということ

問五　傍線部⑤の説明として、最も適切なものを波線部㋐～㋓の中から選び、その番号をマークせよ。　5
1　㋐　一生の間
2　㋑　生死の絆
3　㋒　往生すべし
4　㋓　念仏申すこと難し

問六　傍線部⑥と文法的用法が同じものとして、最も適切なものを次の中から選び、その番号をマークせよ。　6
1　迎へに人々まうで来むず
2　いかさまにしていまそかるらむ
3　翁申さむこと聞き給ひてむや
4　忍びては参りたまひなむや

問七　空欄［A］［B］に入る言葉の組み合わせとして、最も適切なものを次の中から選び、その番号をマークせよ。　7
1　A　自力　B　他力
2　A　他力　B　自力
3　A　弥陀　B　罪業
4　A　悲願　B　弥陀

問八　本文が成立したとされる鎌倉時代の作品として、最も適切なものを次の中から選び、その番号をマークせよ。　8
1　方丈記
2　梁塵秘抄
3　伊勢物語
4　古今和歌集

〔三〕　次の文章を読んで、後の問いに答えよ。解答番号は〔三〕の 1 から 8 までとする。

昔も今も、海外の日本研究で「日本を研究する」ことのきっかけには、日本という遠い異国への好奇心が潜んでいることが多い。そして、その好奇心は「文化の違い」の感覚に根ざしている。

欧米をはじめとした外国では、日本は長い間不思議でエキゾチックな国だった。一八五〇年代に江戸幕府が多くの欧米諸国と外交・通商関係を結ぶまで、ヨーロッパでの日本の情報は非常に限られていた。

たとえば、一八七八年（明治一一年）に日本を訪れたイギリス人女性、イザベラ・バードが著した『日本奥地紀行』は、アカデミックな意味での「日本研究」ではないものの、横浜・東京から東北、北海道、関西と旅をするなかで自らの目で見た、ヨーロッパとはちがう日本の文化、そしてアイヌの文化への驚きに満ちている。

その後、人・モノの往来が増え、日本への関心が高まっても、そうしたミステリアスでエキゾチックな日本のイメージは長く残った。

自分の生まれ育った国とは違う文化を学びたい、という動機は、現在欧米の大学で日本研究を学ぶ学生や、日本に留学に来る学生にも感じる。その具体的なきっかけは、習いごとの武道や、子どもの頃に見ていたアニメなど、さまざまだが、自分の文化と大きく違う日本文化に魅力を感じた、という学生は多いようだ。

異国の文化を見て、自分が生まれ育った文化とはまったく違うと感じたら、次に「その（異国の）文化は他の文化とはどう違うのだろう？」つまり、「その文化の特殊性は何だろう？」と考えるのは自然なステップだ。

そのように、日本文化の特殊性を取り出そうとした研究でも代表的なのが、（略）①ベネディクトの『菊と刀』だろう。

今となっては、『菊と刀』には事実誤認が多く含まれているという批判も多い。同書は、戦時中の限られた調査環境のなかで執筆された。当時、日本での現地調査は当然できなかったため、アメリカ在住の日系人へのインタビューに加え、同じくアメリカ在住の作家でコロンビア大学の日本語講師にもなった杉本鉞子《えつこ》の自伝的小説『武士の娘』や、日本映画などが材料として用いられた。

それでも、同書は、一九四八年に日本語訳が出版されると、識者の多くから高い評価を受け、その後も長い間、ベストセラーとなり、日本人にも広く受け入れられた日本文化論となった。

そのように高い評価を受けた『菊と刀』でベネディクトがとった方法論をひとことでいうならば、当時のアメリカ人にとって不可解だった日本人のさまざまな行動パターンの根底に「型」を見いだし、それを取り出そうとしたということだ。

同書の第一章「研究課題――日本」では、著者が採った方法について述べられている。ポイントは、著者の属する西洋文化から見て、日本文化が違うところを考えの出発点とすること、そして、その個々の違いからパターンを導きだし、日本文化の原理を取り出そうとするということだ。

そのような方法は、当時の文化人類学に拠ったものだった。

ベネディクトは、コロンビア大学で当時人類学の第一人者だったフランツ・ボアズから人類学の方法論を学んだ。ちなみに彼女は『文化の型』（一九三四年）という文化人類学の理論書も著している。

『菊と刀』第一章の冒頭で、ベネディクトは、西洋でいわれていた日本人の特徴には、互いに矛盾することがあると指摘している。「礼儀正しい」といういっぽうで、「傲慢で横柄だ」、また「融通がきかない」といういっぽうで「変革に即応できる」というように。その矛盾するイメージの代表が、タイトルにもある、美や平和への志向を表す「菊」と、武士道を表す「刀」だろう。

しかし、ベネディクトは、それらの一見矛盾した特徴を一貫して説明できるような行動原理を取り出してみせた。天皇に対する「忠」、親に対する「孝」、世間に対する義理、自分の名誉……これらの、アメリカ人から見ると理解することが難しい日本文化の美徳を、ベネディクトは、すべて人から受けた「恩」を返すことだ、という。そして、日本人が「恩を返さなければ」ならないと思う心情を、アメリカ人が何があっても借金を返済しなければならないと感じる心理状態として説明をしている。

『菊と刀』の方法のもうひとつのキーワードは、「文化相対主義」である。文化相対主義とは、簡単にいえば、一九世紀の、世界を「文明」と「野蛮」の二分法で分類する西洋中心の世界観とは異なる、世界にあるさまざまな文化に　2　はなく、どの文化も同じように価値がある、という考えかただ。

その結果、たとえば西洋の個人主義に対する日本の集団主義というように、日本文化が、西洋の文化原理とはまったく異なるが同じくらい価値のある文化原理をもった文化として現れたのだ。そして、それを「型」として抽出したところに、ベネディクトの方法の新しさがあった。

このように取り出された日本文化の原理は、②日本でも受け入れられ、大きな影響力をもつこととなる。

青木保は、戦後、日本国内で日本文化論がどう語られてきたか、その歴史を追った『「日本文化論」の変容』という本で、一九六〇年代から八〇年代前半を「肯定的特殊性の認識」の時代と位置づけている。

『菊と刀』が日本で広く読まれた後、中根千枝『タテ社会の人間関係』（一九六七年）や土居健郎『「甘え」の構造』（一九七一年）など、日本人の研究者による著作が日本でもベストセラーになった。こうした日本文化についての著作は、日本文化の特徴を取り出すという点で『菊と刀』と共通点が多い。特に中根の『タテ社会の人間関係』は、『菊と刀』で「恩」などを通して説明された日本人の「集団主義」についての議論をさらに発展させたものだといえる。③このような日本文化の原理、構造についての語りかたは、一九八〇年代前半まで日本内外に浸透していった。

これらの日本文化論で論じられる「集団主義」「甘え」などの特徴は、日本文化が世界の中で他にはない特殊なものであり、しかもその多くが前向きな、外国の人々にも自信をもって語れる内容だった。

たとえば日本の「集団主義」は、高度経済成長から世界の経済大国になった日本の「成功の秘密」として、日本人も受け入れやすいものだった。

日本文化論のもうひとつのメリットは、欧米の識者、特に日本研究の研究者によって書かれたものであり、日本人自身が外国人に対して日本文化について語る、便利な語りかたを提供したということだ。海外旅行や企業の駐在などで海外にわたる日本人が増えるなか、日本の習慣や日本人のメンタリティを外国人に簡潔に伝える方法として、日本文化論は効果的なツールだった。

今の日本人は、たとえば「日本文化は恥の文化である」というような語りかたを自然なものとしている。しかし、このような日本文化の語りかたは、アメリカの日本研究から生まれた日本文化論を、自らのものとして内面化し、海外に日本文化を伝えるツールとして普及したものだともいえるのだ。

しかし、八〇年代後半に入ると、海外の日本研究では、日本文化論、とくに、日本の文化が世界の他にはない、特殊なものだという議論が批判されるようになった。

日本文化論の批判として有名なのが、ピーター・デールの『日本的独自性の神話』（原題 *The Myth of Japanese Uniqueness* 一九八六年）である。また、アメリカの大学で人類学を教えたハルミ・ベフが日本の読者向けに著した『イデオロギーとしての日本文化論』（一九八七年）もその代表的な著作といえよう。

批判の内容は、よく「日本文化の特徴」としてあげられているものはじつは他の国の文化にも見られるものが多く、日本だけが特殊ではないということ、また、日本文化の中を見ても、一般論としては正しくても、例外はあるのではないか、というような事実認識のレベルでの批判がある。

たとえば、「日本は人間関係の上下の意識が強いタテ社会で、目上の人に逆らうことはない」というような「日本文化の特徴」がある。これに対して、まず、そのような上下関係は、フラットな「ヨコ社会」に見えるアメリカ社会などにも見られるのではないか、ということだ。

日本ではよく「アメリカ英語には敬語がない」といわれるが、英語を深く学んでいくと、政治家などの要人や会社の上司など、目上の人に使うべき表現というのはある。④その意味で、「タテ社会」と「ヨコ社会」の区別は、程度の問題だともいえる。

しかし、こうした事実認識に対する批判以上に、日本文化論が国内外でどう読まれ、どう消費されているか、その受容のありかたに向けられる批判のほうが強い。

特に、ハルミ・ベフは、日本国内の論壇やアメリカの日本研究での日本文化論の読まれかたに注目し、どちらでも日本文化論が「イデオロギー」として機能していると批判している。

日本人自身が日本文化論を語るときに、日本人や日本文化が特殊だという議論の裏に、「自分たちが特別だ」という日本人のナショナリズムがある。また、それが「だから日本文化は日本人にしかわからない」と、他国の人々には日本文化を学ぶ門戸を閉じてしまう、排除の論理に簡単にすり替わるのではないか、というのだ。

たとえば「日本社会は集団主義である」という日本文化の見かたがある。それが正しいかどうかは、学問的に検証すればよい。しかし、日本人自身が、自分たちの社会は（良くも悪くも）「集団主義」で、そのような社会は世界では珍しい、と言うとき、そこには、日本人が自らを世界で特別な存在と見たいという欲望、そして国際化が進む時代の自らのアイデンティティへの不安が表れているのではないか。さらに、そのような書籍が、日本国内で大量に消費されるとき、それはイデオロギーとしての機能ももってくるというのだ。

海外の日本研究でも、日本文化を特殊なものとして研究することが、みずからの「地域研究」としての存在の裏付けとなったのだ。

つまり、日本人や海外の日本研究における「日本文化論」または「日本人論」（最近は海外の日本研究者には nihonjinron で通じる）は、ナショナリズム、そして外国人を差別する排外主義にもつながる、とベフは危険視しているのだ。

海外の日本研究者が「日本文化論」を批判する。その背後には、「日本人にしか日本文化はわからないのか」という、外国の研究者が日本文化を学ぶときに直面する、⑤微妙な問題が隠れているように思う。

海外の日本研究に関わる人々を見ていると、その情熱と努力に驚くことが多い。

日本滞在経験が長い研究者、日系の家庭に育って子どもの頃から日本語や日本文化に慣れ親しんだという研究者も多いが、そうでない研究者も多い。その場合、自分の専門領域の学問的な研鑽に加えて、言葉や歴史、文化を含めて、日本文化のさまざまな側面を深く学ぶということは並大抵のことではない。

そのような苦労をしているからこそ、海外の日本研究者は、「日本文化は世界に類を見ない特殊な文化である」という議論が、「だから日本文化の微妙なニュアンスは日本人にしかわからない」という議論に簡単にすり替わってしまうことへの［7］をもっているのだろうと思う。


（河野至恩『世界の読者に伝えるということ』による。ただし本文の一部と見出しを省略した）

［1］
問一　傍線部①は本文中でどのように捉えられているか。最も適切なものを次の中から選び、その番号をマークせよ。
1　事実誤認が多く含まれるものの、伝統的に受け継がれてきた日本文化の原理を正確に取り出した研究
2　西洋文化と日本文化の間に存在する根本的な違いを、多くのインタビューや現地調査から明らかにした研究

3　一見すると矛盾した特徴があるような日本文化について、そこには一貫した「型」があると指摘した研究
4　西洋の個人主義と日本の集団主義には同程度の価値があることを、「文化相対主義」の方法で主張した研究

問二　空欄 2 に入る言葉として、最も適切なものを次の中から選び、その番号をマークせよ。 2
1　優劣　2　差異　3　流行　4　限界

問三　傍線部②の理由として、最も適切なものを次の中から選び、その番号をマークせよ。 3
1　日本文化論で論じられる「集団主義」や「甘え」などの特徴は、世界の中で他にはない特殊なものだったから
2　日本の習慣や日本人のメンタリティを外国人に簡潔に伝える方法として、日本文化論は効果的なツールだったから
3　ベストセラーとなった日本人研究者の著作は、日本文化の特徴を取り出す点で『菊と刀』と共通点が多かったから
4　『菊と刀』のような日本文化論が、欧米の著名な研究者によって書かれたという事実が日本人に自信を与えたから

問四　傍線部③が日本人に根付かせた心情として、最も適切なものを次の中から選び、その番号をマークせよ。 4
1　人から受けた恩は返すべきという義務感
2　自分たちは特別だという対外的な自信
3　国際化の時代におけるアイデンティティへの不安
4　日本人は集団主義に甘んじているという意識

問五　傍線部④の説明として、最も適切なものを次の中から選び、その番号をマークせよ。 5
1　日本文化における「恩返し」は、アメリカ人にとって借金返済に対する感覚に近い
2　英語を深く学ぶことによって、アメリカにおける人間関係が理解できるようになる
3　アメリカにも、要人や上司などの人物に対しては必ず敬語を使う文化が存在する
4　人間関係における上下の意識は、日本とアメリカで根本的に異なるとは限らない

問六　傍線部⑤のようにいう理由はなぜか。最も適切なものを次の中から選び、その番号をマークせよ。 6
1　日本文化が排除の論理を抱えていることを十分に理解しているが、それにもかかわらず日本文化に魅力を覚えているという矛盾を示唆するため
2　日本文化を理解するためのハードルを乗り越えたことが、海外研究者による「地域研究」のイデオロギーを自ら証明するという困惑を示唆するため
3　多大な労力を割いて日本文化を研究してきたからこそ、その特殊性を理解できる資格を持つ者は日本人だけではないという自負を示唆するため
4　異国に対する好奇心が研究の出発点である海外研究者は多いものの、日本側が見せる独善的な態度に最初から直面せざるを得ない葛藤を示唆するため

問七　空欄 7 に入る言葉として、最も適切なものを次の中から選び、その番号をマークせよ。 7
1　焦燥感　2　劣等感　3　罪悪感　4　危機感

８

問八　本文の内容と合致するものとして、最も適切なものを次の中から選び、その番号をマークせよ。
1　江戸幕府が多くの欧米諸国と外交関係を結んでからも、日本に対するエキゾチックなイメージが海外で長く残ったのは、ベネディクトの『菊と刀』による影響が大きい
2　ベネディクトが『菊と刀』で実践した方法とは、それぞれの文化の違いから特定のパターンを導き出し、その原理となる「型」を抽出する文化人類学によるものである
3　高度経済成長期を通じて、世界的な経済大国になった日本の「成功の秘密」は、「集団主義」や「タテ社会」など他の国にない特殊な文化が効果を発揮したことにある
4　ハルミ・ベフは、複数の日本文化論によって主張された特殊性を多くの日本人が内面化した理由を、排除の論理に基づく「イデオロギー」によるものだと批判している

二月十三日実施分

解　答

一

出典　御田寺圭「ブリッジ―分断された世代への橋渡し」（『熱風―スタジオジブリの好奇心』二〇二二年二月号　スタジオジブリ出版部）

解答

問一　ⓐ―3　ⓑ―4　ⓒ―3　ⓓ―2　ⓔ―3
問二　3
問三　4
問四　1
問五　2
問六　2
問七　4
問八　2
問九　1

▲解　説▼

問二　「向こう側」とこちら側で対比されているのは、本を紹介する動画によって若者たちを引きつけているBookTokerと、文芸の衰退を憂いつつ、本を読まない若者にリーチする術のない出版社である。本文に「若い世代」「若者」と繰り返されていることから、「若者」が重要なポイントであることをおさえる。3が正解。
問三　第三段落と語注から、BookTokerは動画配信によって本を紹介する人々であること、若者に影響力があることが読み取れる。その上で、傍線部①の前の「だれに頼まれるでもなく」、傍線部②の前の「わざわざ橋を架けようとしてくれた」という表現にも注目。BookTokerが出版社側にとって「救世主」であるのは、自発的に本の魅力を若者に伝えてくれる存在だからである。4はBookTokerを業界が送り込んだ、という点が誤り。
問四　「せっかくこれから大きな花が開くかもしれなかったひとつの土壌」（第四段落）が、老人のプライドのせいで失われてしまったとあるのだから、否定的なニュアンスの語句が空欄には当てはまる。あとは〈老人のプライド〉の修飾語として適当なものを選べばよい。１が正解。
問五　若者への提案が述べられているのは第十五段落である。筆者は第十四段落で「穏健で平和主義的で相互肯定的なコミュニケーションが土壌となって育んできた文化は素晴らしく、大切にされるべきもの」と述べつつも、「穏健さゆえの脆弱性」を指摘し、「退いてばかりいないでときに猛然と抵抗しなければならない」（第十五段落）と述べている。２が正解。
問六　「非難の声」は、今井氏の「批判なき選挙、批判なき政治」という発信が、「『政治家が有権者の声を無視する独裁政治』を肯定する」、つまり批判を無視するという意味に捉えられたために寄せられたものである。選択肢の中で、批判を無視することを最も適切に表現しているものは、「批判の不在」「批判を封殺」「批判勢力がいなくなる」「批判がなくなる」のうちどれかを考えるとよい。２が正解。
問七　若者たちが敬遠する「批判」と傍線部⑤のような本来の「批判」の違いを確認する設問。若者たちが嫌がるという文脈での「批判」を除外していく。３の「批判なき選挙」が若干ややこしいが、若者である今井氏が調和を志向して「批判なき」と発信したということに留意。４が正解。
問八　「厚かましさや図々しさ」は何のために必要かというと、「（若者の文化を）永続的で大きなカルチャーとして育てていく」（第十五段落冒頭）ためである。その目的を果たすためには、「ときに猛然と抵抗」（同段落）することは悪徳というわけではない、という文脈。２が正解。

問九 傍線部⑦前後に注目。人が年を重ねると「排他的で旧態イゼン的」になり、「外界からの新規性を求めなくなる」ことの例として「懐メロ」が使われているので、これらの内容をまとめた選択肢を選ぶ。1が正解。

二

出典 唯円『歎異抄』〈第二部ノ十四〉

解答

問一 2
問二 1
問三 3
問四 4
問五 4
問六 3
問七 1
問八 1

◀解 説▶

問一 本文のキーワードとも言える「一念」は、〝一度の念仏〟の意。「利益」とは恵みをほどこすこと、仏からの利益を指す。ここでは念仏の利益を指しており、その内容が「滅罪」（＝罪を消すこと）だと言っているのである。2が正解。
問二 傍線部②の前には、一切を阿弥陀に委ねすがろうとするとき、堅い信心を授かるので、すでに定聚の位に受け入れられているという内容が述べられている。だからこそ命が尽きるときには煩悩等が転じて不正不滅の真理をさとる、というのである。解釈が難しい箇所なので語注も見落とさないこと。「金剛の信心を賜はりぬれば」を「堅い信心をいただいているので」とする1が正解。
問三　「如来大悲」とは阿弥陀如来の大きな慈悲の心のこと。一生の間に唱える念仏はすべて、阿弥陀如来の大きな慈悲の心のご恩に報い、徳に感謝するためだと思うべきだという文脈。3が正解。
問四　「申さん」の「ん」は婉曲、「滅さん」の「ん」は意志、「信ぜん」の「ん」は婉曲、「往生せん」の「ん」は意志の助動詞となる。傍線部④は、念仏を唱える度に、罪をなくそうと信じることは、自力で往生に励むことだ（＝自力本願）、という意味になる。4が正解。この段落ではその難しさを述べているという点にも留意。
問五　傍線部⑤を含む一文は〝その間の罪を、どのように滅することができようか（いや、できない）〟という反語表現となる。念仏によって罪を消し、往生に励もうとするも、想定外の出来事や病気のために念仏を唱えるのが難しいときもあるという例をあげた後の、傍線部⑤である。「その間」とは、直前の「念仏申すこと難し」の間、ということである。
問六　傍線部⑥は婉曲の助動詞。1は推量の助動詞「むず」の一部、2は現在推量の助動詞「らむ」の一部、3は婉曲の助動詞「む」、4は勧誘（あるいは推量）の助動詞「む」。助動詞「む（ん）」は活用語の未然形に接続するが、意味が複数あるので注意が必要。文中にあるときは婉曲・仮定、文末にあるときは推量・意志・勧誘の意味になることが多い。
問七　「摂取不捨の願」＝「阿弥陀の本願」は他力本願、自分で罪を消して往生しようと励むのは自力本願である。第一・二段落は他力本願を説く。第三段落は自力本願の難しさを説く。第四段落は再び他力本願を説く。最終段落では結論として、「罪を滅せんと思はん」＝自力本願は、他力本願の信心がない、としている。したがってAには「自力」、Bには「他力」が入る。
問八　1以外は全て平安時代の作品。

三

出典　河野至恩『世界の読者に伝えるということ』〈第6章　日本研究で「日本らしさ」を語ることのむずかしさ〉（講談社現代新書）

解答

問一　3
問二　1
問三　2
問四　2
問五　4
問六　3
問七　4
問八　2

◀解　説▶

問一　『菊と刀』について「日本人のさまざまな行動パターンの根底に『型』を見いだし、それを取り出そうとした」（第十段落）、「一見矛盾した特徴を一貫して説明できるような行動原理を取り出してみせた」（第十五段落）との記述があることに注目。3が正解。やや紛らわしいのが1。前半は第八段落の記述と合致しているが、後半の「正確に取り出した」が不適。「正確」とまでは本文で断言されていない。
問二　空欄2の直前にある「世界を『文明』と『野蛮』の二分法で分類する西洋中心の世界観とは異なる」世界観である。直後の「どの文化も同じように価値がある」から、1の「優劣」がない、と補うのが適切である。
問三　ベネディクトの『菊と刀』の話であることに留意しつつ検討する。1、「甘え」という特徴にふれているのは『菊と刀』ではなく土居健郎『「甘え」の構造』である。2、傍線部②の五つ後の段落の内容に合致。3、傍線部②の理由となっていない。4、日本人に自信を与えたのは日本文化の特殊性の内容であって、欧米の識者によって日本文化論が書かれたからではない。
問四　傍線部③が「日本人に」根付いていった理由は直後の第二十一・二十二段落で述べられている。2が正解。問三と問四は合わせて考えるとよい。問四は問三で確認できなかった解答要素（日本文化の特殊性と、日本人がそれを自信をもって語れる点）を確認する設問でもある。
問五　傍線部④「タテ社会」について、「日本だけが特殊ではない」（第二十七段落）ことの例として、筆者は傍線部の前で、日本文化の特徴とされる上下関係が、フラットな「ヨコ社会」に見えるアメリカ社会でも要人や上司への表現などに見られることを指摘している。つまり、日本以外の国でも、程度の差はあれ、上下意識は存在する、というのである。4が正解。
問六　外国の研究者が直面する「微妙な」問題とは、傍線部⑤の前にある「日本人にしか日本文化はわからないのか」という問題である。そして傍線部⑤の後に続くのは、海外の日本研究者がいかに苦労しながら研究しているかということである。そのような人々にとって、日本文化を理解できるのは日本人だけだという論調は受け入れられないものであり、彼らにも当然日本文化を語る資格があるということを筆者は言いたいのである。3が正解。
問七　日本文化の特殊性をめぐる議論が、日本文化は日本人にしかわからないという議論にすり替わることを危惧している文脈である。4の「危機感」がふさわしい。
問八　1、『菊と刀』によって日本のエキゾチックなイメージが残ったとするのは誤り。第七段落にあるように、日本文化の特殊性を研究しようとして『菊と刀』が書かれたのである。2、第十〜十二段落の内容に合致。3、「タテ社会」が経済大国になった日本の成功の要因に含まれている点が誤り。なお、本文では日本の成功の要因を特殊な文化にあると断定しているわけではない点も注意。4、排除の論理のイデオロギーによって日本人が日本文化の特殊性を内面化したという説明になっているが、最後から七・八段落目によると、特殊性を内面化したことが排除の論理にすり替わると読み取れるので、理由と結果が逆である。

2022年度

問題と解答

一月三十日実施分

問題

（六〇分）

〔一〕 次の文章を読んで、後の問いに答えよ。解答番号は〔一〕の 1 から 13 までとする。

父ピーテル・ブリューゲルの『 6 』を取り上げよう。これはM・ビュトールが『絵のなかの言葉』のなかで論じたもので、われわれの主題にとって極めてⓐコウテキな例と思われる。不都合な点があるとすれば、それはただ一つ、これがタイトルが一般化する以前の作品で、したがって《 6 》というタイトルも、作者ブリューゲルがつけたものではない、ということだけだ。画集では『 6 の描かれている風景』という、例の類型的な画題＝タイトルのかたちを取っている。このように厳密な意味でのタイトルではないのだが、現にタイトルとして流通している。そして、絵を観るとき、そのタイトルが有効に働いている。われわれが注目するのは、①その機能である。

この絵については、さきにふれた慶應義塾大学での授業の際に、面白い実験を行ってみた。課題を予告し、数分間スライドを見せたあとで、記憶によってこの画面を記述してもらったのである。すると、百数十人いた学生のうち、既にこの絵を知っていた数人を除いて、誰一人として、②その正確な主題を捉えたひとはいなかった。大多数の学生たちは、タイトルを知らず、絵の主題を知らなかった。かれら／彼女らは目に見える画面だけから、これが「何の絵」であるかを考えたわけである。そのような眼差しに対して、この絵は海の風景画として現れてくる。正面の彼方にまばゆいばかりの朝日が昇ったところである。その光は中景の、海をへだてて向かい合う二つの港湾都市に、新しい一日の始まりを告げている。近景に目を転ずると、農夫は牛に牽《ひ》かせた鋤《すき》で畑を耕し、羊飼いは羊を連れて野に立ち、青空を見上げている。平穏な海を、帆にいっぱいの風をうけた帆船が滑るように進んでゆく。平和で美しい風景だ。

《　6　》は典型的な画題＝タイトルで、絵の主題を言い表している。この種のタイトルの常として、主題は画面に見えているはずである。ところが、画面のどこにもイカロスの姿はない。タイトルを知らされても当初は、わけが分からない。狐につままれたような気持ちだ。ジョークではあるまいか……。ジョークでないと分かると、もう一度画面を見つめる。今度は、イカロスの隠された姿や痕跡を探すことに、意識が集中する。そうして初めて、画面右の前景の海面に突き出た脚が見えてくる。それが堕ちたイカロスの脚と思い至ると、③画面は一変する。もちろん、この細部はそれまでもそこにあった。記述する心構えの詮索する眼差しは、この部分をもスキャンしたはずである。何かがある、とは気づいたことであろうが、それを無意味な細部として気に留めなかったのだ。これは、知覚の実態として、非常に重要な点である。ゲシュタルト心理学の教えを思い起こそう。われわれはさまざまな部分の総和として全体を知覚するのではない。まず全体を知覚し、その全体像のなかで部分を捉えるのだ。純粋視覚的に、言い換えれば知識なしにこの絵を見せられたとき、われわれは直ちにその全体を捉える。それは、光にあふれた海の風景である。この全体のなかでは、海面に突き出た脚は、たといそれに目を留めたとしても、見過ごされる。この全体のなかに位置づけることができないからだ。それは意味のない「ノイズ」としてカンⓑカされるわけである。

タイトルを知ったとき、全体の知覚が変化する。それまで、全体の中心は遠景の太陽とその光にあり、画面右下は最も暗い部分、すなわち意味がキⓒハクで目の行き届かない部分だった。いまや、そこが全体の中心になる。その脚は、墜落したイカロスのものだったのである。その物語は、オウィディウスの『転身物語』（巻八）が伝えている（クロード・ロランのペルセウスの絵も、この本に基づくものだったことを想起しよう。『転身物語』はルネッサンス以後の西洋藝術、特に絵画とオペラが好んで取り上げた種本だった）。イカロスはギリシアの工人ダイダロスの息子である（ダイダロスという名前そのものが工人を意味する）。ダイダロスはアテナイのひとだが、ゆえあって追放され、クレタの王ミノスのもとに逃れ、命じられて有名な迷宮を造る。怪物ミノタウロスを閉じ込めるためのものである。ところが、アリアドネに、この迷宮から抜け出す工夫を教えたことで、ミノス王の怒りを買い、自らこの迷宮のなかに、息子のイカロスともども幽閉されてしまう。そこでかれは、窓に寄ってくる鳥の羽を集め、自らの技術で二人分の大きな翼を作って、空へと脱出し、シリアへ逃れる。しかし、空を飛ぶ楽しさにⓓウチョウテンとなったイカロスは、父の戒めも忘れ、高く舞い上がりすぎて、太陽の熱に翼の蠟《ろう》が溶け、海に墜落して死んだ。そこで、その海はイカロスにちなんでイカリア海と呼ばれるようになった。

この物語は好んで絵に画かれた。それは、飛び立つ前に、ダイダロスが息子に与えた次のような教訓のためであったらしい。「いいか、イカロス、空の中程の道をとんでいくのだぞ。あまり低く降りすぎると、翼が水にぬれて重たくなるし、あまり高く上りすぎると、太陽の熱でやけてしまう。だから、中程のところを飛んでいくのだ」（田中・前田訳）。つまり、これは、10を説き、奢《おご》りによる破滅を教える寓話であった。だが、この教訓のためには、墜落の恐怖を描かねばならないのではないか。例えば、少し時代が下るが、ルーベンスの下絵は、今まさに落下しようとしているイカロスと、異変に気づいた父との驚きと恐怖の表情を大きく描いている。④ブリューゲルの構図は著しく特異な印象を与える。しかし、オウィディウスを参照してみると、実はその記述に忠実なのだ。飛行中から墜落に至るところは、次のように語られている。「たまたま釣竿で魚をとっていた漁師や、杖をついていた牧人や、鋤に身をもたせかけていた農夫がこれを見て、あっけにとられ、空中を飛行することができるのだから神々に違いないとおもった。はやユノの愛するサモスが左手に見え（デロスとパロスは、すでに後方にあった）、右手にはレビントゥスと蜜の豊富なカリュムネが横たわっていた。このとき、少年は、自分の大胆な飛行がすっかり気に入りだして、先導の父のあとをついていかず、天空に近づきたい欲望にひかれてぐんぐん上昇していった。すると……」。

確かに、ここには農夫がいるし、釣糸をたれる漁師も、杖をひく牧人も見られる。だが、子細にかれらのⓔショサを見ると、画家は物語をそのまま画像化しているわけではない、ということに気づかざるをえなくなる。オウィディウスの記述では、三者はそろって、大空を飛ぶ親子の姿に気づいて驚いたことになっている。ところが、ブリューゲルの画面では、農夫は大地に目を落して、黙々と牛に鋤を牽かせている。漁師は、目前に落下したイカロスにも気づいた様子はない。独り牧人だけは空を見上げているが、その視線はあらぬ方に向けられている。ここには、⑤明瞭な表現意図が示されている。この画面が語っているのは、 10 の教えなどではない。世界史へのアイロニーである。歴史的な大事件が起こったとしても、その身近にいた人たちでさえ、それに気づかず、何もなかったかのように、日常生活が繰り返されてゆく、そのように語っているのだ。

（佐々木健一『タイトルの魔力』による。ただし本文の一部と見出しを省略した）

問一 二重傍線部ⓐ～ⓔの漢字と同じ漢字を含むものを、次の各項の中からそれぞれ選び、その番号をマークせよ。
1 ⓐ 1 コウセイ物質 2 リョウコウな関係 3 コウキョウの場 4 コウキな身分
2 ⓑ 1 カダイの提出 2 夏期キュウカ 3 カクウの人物 4 カロウで倒れる
3 ⓒ 1 ハクシュ喝采 2 ハクリ多売 3 資格のハクダツ 4 ハクライの品物

4　ⓓ　1　山にトウチョウする　2　チョウジョウ現象
3　新記録にチョウセンする　4　万里のチョウジョウ
5　ⓔ　1　ショセイ術に長ける　2　ショメイを集める
3　責任のショザイ　4　ショチュウ見舞い

6　問二　空欄 6 （四箇所ある）に入る言葉として、最も適切なものを次の中から選び、その番号をマークせよ。
1　光あふれた海　2　イカロスの墜落　3　ダイダロスの教え　4　世界史へのアイロニー

7　問三　傍線部①の説明として、最も適切なものを次の中から選び、その番号をマークせよ。
1　タイトルの変遷の痕跡を残して暗示する機能
2　作者と題名をつけた者の差異を示唆する機能
3　画面をどのように知覚すべきかを指示する機能
4　画題なしで内容を理解できる解釈力を問う機能

8　問四　傍線部②の理由として、最も適切なものを次の中から選び、その番号をマークせよ。
1　絵に関する知識がなくて、作品の歴史を理解できなかったから
2　絵の画面を、記憶のみを頼りに言葉で再現するしかなかったから

3　純粋視覚的に全体像を捉え、主題を描いた部分に注目しなかったから
4　主題を決定するような要素が画面のどこにも描かれていなかったから

9
問五　傍線部③の説明として、最も適切なものを次の中から選び、その番号をマークせよ。
1　調和的世界が、無意味なノイズで構成された世界へと変化する
2　明るい近景から、イカロスの脚が突き出る正面へと中心が移る
3　無意味だと無視されていた細部が全体の意味を支える核心となる
4　最も暗い細部に描かれていた釣り人こそが画面全体の主役となる

10
問六　空欄 10 （二箇所ある）に入る言葉として、最も適切なものを次の中から選び、その番号をマークせよ。
1　慢心の害
2　無謀への戒め
3　中庸の徳
4　破滅への衝動

11
問七　傍線部④にあてはまらないものを、次の中から一つ選び、その番号をマークせよ。
1　近景には大地に目を落として牛に鋤を引かす農夫、羊を連れて杖をもつ牧人、釣り糸をたれる漁師がいる
2　正面の彼方には朝日が昇り、その光が中景の湾岸都市を照らし、平穏な海には帆船が帆に風を受けている

3　画面右下の前景は、朝日の光が当たらず最も暗くなっており、暗い海面から、脚だけが突き出ている
4　画面の正面の空には異変に気づいたダイダロスが海を見下ろし、その姿を牧人が遠くから見上げている

12
問八　傍線部⑤の説明として、最も適切なものを次の中から選び、その番号をマークせよ。
1　墜落の恐怖をあからさまには描かぬことで、神に近づこうという冒険の不遜を暴くこと
2　オウィディウスを参照しつつも、細部を変更することでオリジナリティーを発揮すること
3　災厄が一人に降りかかっても助けもしない市井の人々の無関心な冷酷さを非難すること
4　惨事が起ころうとも、人々は無関心に淡々と日常生活を継続するという現実を表すこと

13
問九　本文の内容と合致しないものを、次の中から一つ選び、その番号をマークせよ。
1　タイトルは絵画の見方を規定するものであり、芸術作品を鑑賞し、受容する際にはタイトルを知ることが必要不可欠である
2　純粋視覚的に絵を見たときには光にあふれた海の風景であったものが、タイトルを知るとともに惨劇の舞台へと一変する
3　現在一般に流通しているタイトルは作者自身がつけたものとは限らず、ブリューゲルの絵のタイトルも主題からとられたものである
4　現在は作品にタイトルをつけることが一般化しているが、タイトルが必要とは考えられていなかった時代もある

〔二〕　次の文章を読んで、後の問いに答えよ。解答番号は〔二〕の 1 から 8 までとする。

中ごろ、宝日《ほうにち》といふ聖ありけり。「何事をかつとむる」と、人問ひければ、①「三時《さんじ》の行ひ仕る《つかうまつる》」といふ。重ねて、「いづれの行法《ぎやうほふ》ぞ」②と問ふに、答へていふやう、「暁には、
明けぬなり賀茂の河原に千鳥啼《な》くけふも空しく暮れんとすらん
日中には、
今日もまた午《むま》※の貝こそ吹きアにけれ羊※の歩み近づきぬらん
暮れには、
山里の夕暮の鐘の声ごとイに今日も暮れぬと聞くぞ悲しき
この三首の歌を、おのおの時をたがへず詠じて、日々に過ぎ行くことを観じ侍るなり」とぞいひける。
いとめづらしき行《ぎやう》なれど、人の心のすすむ方、様々なれば、勤めもまた一筋ならず。潤州《じゆんしう》の曇融聖《どんゆうひじり》は、橋を渡して浄土の業《ごふ》とし、蒲州《ほしう》の明康《めいかう》法師は、船に棹さして往生をとげたり。いはんや、和歌はよくことわりを極むる道なれば、これによせて心を澄まし、世の常なきを観ぜんわざども、③便りありぬべし。（中略）
近くⓐ蓮如といひし聖は、ⓑ定子皇后宮の御歌、
夜もすがら契りしことを忘れずは④恋ひん涙の色ⓒぞゆかしき
と侍るは、かくれ給ひける時、ⓓ御門《みかど》に御覧ぜさせんためとおぼしくて、帳※のかたびらのひもに結び給ひたりける歌なり、⑤これ

を思ひ出だして、限りなくあはれに［ウ］覚えければ、心にそみつつ、この歌を詠じては、泣く泣く※尊勝陀羅尼《そんしようだらに》をよみてぞ、後世《ごせ》をとぶらふ。また詠《なが》めては、さきのごとく誦《じゆ》す。⑥かくしつつ、よもすがらまどろまずして、冬の夜を明したりける、いみじかりける数奇《すき》者なりかし。

大弐資通《だいにのすけみち》は、琵琶の上手なり。信明《のぶあきら》、大納言経信《つねのぶ》の師なり。かの人、さらに尋常《よのつね》の後世の勤めをせず。ただ、日ごとに持《ぢ》仏堂《ぶつだう》に入りて、数をとらせつつ琵琶の曲を弾きてぞ、※極楽に廻向《ゑかう》しける。

勤めは功と志とによる業《わざ》なれば、必ずしもこれも［ 7 ］と思ふべきに［エ］あらず。中にも、⑦数奇といふは、人の交はりを好まず、身のしづめるをも愁へず、花の咲き散るをあはれみ、月の出入を思ふにつけて、常に心を澄まして、世の濁りにしまぬを事とすれば、おのづから生滅のことわりも顕はれ、名利《みやうり》の余執《よしふ》つきぬべし。これ、出離解脱《しゆつりげだつ》の門出に侍るべし。

（鴨長明『発心集』による。ただし本文の一部を省略した）

※午の貝……正午を知らせるほら貝
※羊の歩み……死が刻々と迫ることのたとえ。屠所にひかれてゆく羊の歩みにたとえている
※帳のかたびら……「帳」は寝所。横になる場所の四方に布を垂らす。「かたびら」はその布
※尊勝陀羅尼……仏教における呪文の一種。唱えると災いを除き功徳を得られるとされた
※極楽に廻向しける……極楽往生の修行に代えた

問一　傍線部①の内容に合致しないものを、次の中から一つ選び、その番号をマークせよ。

1
1　暁の時分に、今日も一日空しく暮らさぬようにはしようという歌を詠じる
2　日中に、ゆっくりとだが確実に自分は死に近づいているという歌を詠じる
3　日暮れに、鐘の音を聞いて一日が空しく過ぎたことを思い悲しむ歌を詠じる
4　毎日決まった時に歌を詠じ、日々が過ぎ行くことについて深く思いをこらす

問二　傍線部②と同じ働きをしているものを、波線部ア〜エの中から選び、その番号をマークせよ。
2
1　ア　吹きにけれ
2　イ　鐘の声ごとに
3　ウ　あはれに覚えければ
4　エ　思ふべきにあらず

問三　傍線部③の意味内容として、最も適切なものを次の中から選び、その番号をマークせよ。
3
1　（往生への）手立てになっているほうがよい
2　（往生への）手立てにきっとなるにちがいない
3　（往生への）手立てにはまだなるべきではない
4　（往生への）手立てにおそらくなるのだろう

問四 傍線部④はどのような「涙」か。最も適切なものを次の中から選び、その番号をマークせよ。[4]
1 自分が相手を恋い慕うあまり流す涙
2 自分が相手以外の人に恋してしまって流す涙
3 相手が自分を恋い慕うあまり流す涙
4 相手が自分以外の人に恋してしまって流す涙

問五 傍線部⑤の主体は誰か。最も適切なものを二重傍線部ⓐ～ⓓの中から選び、その番号をマークせよ。[5]
1 ⓐ 蓮如 2 ⓑ 定子皇后宮 3 ⓒ 色 4 ⓓ 御門

問六 傍線部⑥の意味内容として、最も適切なものを次の中から選び、その番号をマークせよ。[6]
1 思いを秘めつつ一晩中眠らずに冬の夜を明かした、あきれはてた数奇者であるよ
2 本心を隠したまま一晩中まどろまずに冬の夜を明かしたとは、立派な数奇者だなあ
3 こうしながら一晩中眠らずに冬の夜を明かした、実にすばらしい数奇者であるよ
4 こうして一晩中まどろまずに冬の夜を明かしたとは、なんともひどい数奇者だなあ

問七 空欄[7]に入る言葉として、最も適切なものを次の中から選び、その番号をマークせよ。[7]
1 なのめなり 2 あながちなり 3 すずろなり 4 あだなり

問八　傍線部⑦の説明として、最も適切なものを次の中から選び、その番号をマークせよ。 8
1　人との交際を絶ち我が身と心をしずめて荒行をいとわない
2　自然を愛で心を澄ませつつも敢えて世間の濁りに没入する
3　生あるものは必ず滅びるという真理に自然と通じていく
4　風雅を極めた者という名誉への執着を手放すことができない

〔三〕　次の文章を読んで、後の問いに答えよ。解答番号は〔三〕の 1 から 8 までとする。

詩を書きはじめたのは子どものころなので、それはかつての植民地でのことである。幼少年期には誰でも、いくつかの詩や絵を書いていることだろう。この世がまだものめずらしくて、経験することは新鮮な驚きとなって心にとどく。感動をことばや形にあらわすことにためらいがない。

私の詩もそのようにしてはじまった。家の近くの土手に腰をおろし、手にたずさえていた紙にスケッチをしたり、文字を書きつけたりしていた時の、柔らかな草の感触がよみがえる。あるいは湯あがりの淡いシャボンの香が心をよぎる。宵闇《よいやみ》の色が浮かぶ。いずれも何かしら詩の断片の如きものを書きとめた時の名残《なご》りである。時折少女雑誌にペンネームで投稿した。どのような作品になっていたのか思い出せない。

私の住いは日本人ばかりの、それも官吏と陸軍の聯隊《れんたい》長や将校だけが住んでいる丘の上にあった。裏のほうへ下った所には、朝鮮人の町があるようであったが、行ったことはなかった。ただ、いつでも、自分のくらしのまわりには自分とは生活倫理を異にする人びとが、それぞれ家族とともに日常生活を営んでいるのだという、異質な価値観との共存世界がこの世だとの思いがあった。朝陽がのぼるのも、夕陽がしずむのも、その異質な価値観を持つ人びとの集落のあたりであった。私は、陽がのぼるのを眺めるのも、西陽がしずむのを見送るのも好きだった。それは、太陽の一人旅ではなく、そのあたりをあかあかと染めて輝く美しさだった。そしてその太陽に染まっているものはみな、自分のものではなく、朝鮮家屋の尾根々々であり、山河だった。

こうして朝鮮の風土や風物によって養われつつ、そのことにすこしのためらいも持たず、私は育った。が、敗戦の前後を日本に来ていたので、やがて、支配民族の子どもとして植民地で感性を養ったことに苦悩することとなる。①それはぬぐい去ることのできない原罪のように私のなかに沈着していった。戦後はなばなしく動き出した帝国主義批判ふうの思潮にも、心をよせることはできなかった。なぜなら、②私は政治的に朝鮮を侵略したのではなく、より深く侵していた。朝鮮人に愛情を持ち、その歴史の跡をたのしみ、その心情にもたれかかりつつ、幼ない詩を書いて来たのである。

当時の詩はもとより、日誌をはじめ、すべての記録は彼の地に捨てられた。久しいあいだ、私は、個人史の一端が自分の手にもどらぬことを、ちぎれた肉のように痛く思った。父や、母や、弟や妹や、私をこの世にあらしめたそのかすかなつながりの者たちの、ちぎれた人生を、たえがたい痛みで心に抱いていた。これが他人のことならば、被支配民族を傷つけた者たちの、尊大な生活の跡など、批判の火で焼きつくせばいいと［3］に思ったにちがいない。③たとえ、一市井人の唄であれ。が、私ら家族は朝鮮が好きだったから、その固有の文化の流れを、私の感性は吸いあげてしまっていたのだ。それはどれとは言い難いまま。負ってくれた朝鮮人の肌のぬくもり、父母と朝鮮の遺跡や書院をたずねた日々の、草のかたち、風の動き、朝鮮人の会話の重なり、などなどが、溶けあったまま血肉ふかくしみとおっているのを知るのである。④そのくせ、そのまま、私は日本人なのだった。なんということ……

日本に住みはじめた私は、⑤日本の風土への嫌悪感に苦しんだ。自民族に自足している者の匂いは、太陽がのぼるところも、しずむところも、自分の情念の野面《のづら》だと信じているので内にこもってしまうのである。異質の文化を認める力が弱々しいのである。むしろそれを排斥するのである。

私はさみしかった。こんな風土が母国なのか。近隣諸民族を蔑視するばかりではない、国の中で同質が寄りそってたがいに扉を閉ざしあう。これでは植民者二世の私よりも劣っているではないか。

生きて行こうと思う私は、植民地体験に沈んでいる自分に向かって、ほんの少しでいい、母国の中の何かを誇りたかった。それでもって自分を元気づけたかった。

そんなことが可能だと思えぬ日本だが、ともかく、生きて行こう生きて行こうと、一日一日這《は》うように過ごした。どのような表情をしていたろうと今になって思う。

ある日、入院先の療養所から一両日の外泊許可をもらって家に帰っていたが、バスの窓から電柱に貼ってあるちいさなビラが見えた。「母音詩話会」としるしてあった。もう少し体がよくなったら行ってみよう、と思った。それまで詩を書いても、その場その場の友人たちの目にふれる程度で散逸していた。詩とは本来そのようなものなのだと思っていたし、その思いは今も変らない。が、ともあれ、より多くの友人が欲しくて、後日、『母音』編集発行者である詩人の丸山豊を自宅にたずねた。

「和江さんは黒いドレスを着て髪に白いリボンをつけて、⑥まあ楚々《そそ》として、おとなしくて……」

つい最近、丸山夫人がその頃の私のことをそう話して笑われる。⑦目の前の流木につかまるようにして、このくにでの生活がはじまるのを感じていた頃のことである。


（森崎和江『風――森崎和江詩集』による）

問一　傍線部①はどのような心情か。最も適切なものを次の中から選び、その番号をマークせよ。［1］
1　日本の帝国主義戦争に関わった罪は戦後になってもぬぐいきれない汚点だと思っている
2　支配民族の子どもであることで生まれながらに罪を背負ってしまったように感じている
3　侵略した相手とは知らぬまま朝鮮の風土によって養われたことを恥ずかしく思っている
4　戦後になって日本の侵略戦争に対する批判が起きても同調できない悔しさを感じている

問二　傍線部②はどういうことか。最も適切なものを次の中から選び、その番号をマークせよ。［2］
1　朝鮮に対する侵略が政治的なものである以上に文化的なものであるのはより罪が深い
2　政治的な侵略に関わったつもりはなかったが自分の立場では他人事のように思えない
3　母国が政治的に侵略したという事実よりも朝鮮に対する深い愛情のほうが勝っている
4　政治的な侵略以上に自分の感性が朝鮮の文化を血肉のように吸い上げてしまっていた

問三　空欄［3］に入る言葉として、最も適切なものを次の中から選び、その番号をマークせよ。［3］
1　好戦的　　2　直線的　　3　功利的　　4　扇情的

問四　傍線部③の説明として、最も適切なものを次の中から選び、その番号をマークせよ。［4］
1　たとえ、植民地支配に直接関わったわけではない庶民が個人的な心情を書きつけたものであったとしても

2　たとえ、政治家や軍人のような侵略の当事者によるものでなくても戦争に関係している表現であるならば
3　たとえ、被支配民族を傷つけた人たちが悔悟の思いから犠牲者に届けようとした詩的な記録だったにせよ
4　たとえ、侵略を受けた民衆の一人が支配民族の尊大な生活への抵抗をささやかに唄ったものであろうとも

問五　傍線部④にはどのような思いが表れているか。最も適切なものを次の中から選び、その番号をマークせよ。　5

1　朝鮮の文化を奥深く感受したことと日本人であることとの間で引き裂かれている自分への嘆き
2　愛着のある文化や人々に対する支配民族としての罪の意識を負わせつづけている母国への怒り
3　植民地の風土に育まれたにもかかわらず朝鮮人とはついに同化できなかったことに対する当惑
4　日本人であるがために子どものころの愛惜の品々のすべてを失ってしまったことに対する失望

問六　傍線部⑤の理由として、最も適切なものを次の中から選び、その番号をマークせよ。　6

1　朝鮮の風土や風物に長く親しんできたために母国に帰ってもすぐには馴染めなかったから
2　他国を侵略しておきながらそれに対する謝罪も反省もしない日本に義憤を感じていたから
3　自民族にしか目を向けず異質な文化を認めない日本人に植民者もまた蔑視されていたから
4　異質な価値観との共存を当然と思って育った者には日本の閉鎖性が耐えられなかったから

問七　傍線部⑥の言葉の意味として、最も適切なものを次の中から選び、その番号をマークせよ。

7
1　清純で美しい
2　服装が可愛らしい
3　健気でいじらしい
4　性格が慎ましい

問八　傍線部⑦の頃の著者の詩との関わりの説明として、最も適切なものを次の中から選び、その番号をマークせよ。8
1　新生活に向けて植民地体験を払拭するために詩に対する考え方を改めようとしていた
2　ためらいもなく詩を書いていた幼ない頃を懐かしんでその気持ちに戻ろうとしていた
3　不安定な自身の拠りどころとして詩を書くことに改めて向き合える場を希求していた
4　療養生活の中で自分を元気づける手段として自分の母国語で書いた詩を誇りたかった

一月三十日実施分

解　答

一

出典　佐々木健一『タイトルの魔力　作品・人名・商品のなまえ学』〈第一二章　理論としてのタイトル　2　イカロスの脚　3　知覚から解釈へ〉（中公新書）

解答

問一　ⓐ—2　ⓑ—4　ⓒ—2　ⓓ—1　ⓔ—3
問二　2
問三　3
問四　3
問五　3
問六　3
問七　4
問八　4
問九　1

◀解　説▶

問二　第三段落の冒頭に、空欄6は絵の主題を言い表しているとあるが、絵の主題に関わるのが「墜ちたイカロスの脚」であることが、同段落にて明かされている。
問三　「その」は絵のタイトルを意味し、タイトルの機能については、第二・三段落においてブリューゲルの絵を具体例として述べられている。「タイトルを知ったとき、全体の知覚が変化する」（第四段落）との記述に注目。絵を観る際、知識がなければ「われわれはさまざまな部分の総和として……全体を捉える」（第三段落）とあるように、全体を知覚して細部を見逃しがちであるが、タイトルを知ることで、たとえばイカロスの脚を中心にその絵を捉えるように、画面をどのように知覚すべきかを知ることができるのである。
問四　傍線部②の理由については、第三段落の最後の五文「純粋視覚的に……看過されるわけである」に述べられている。知識のない状態で純粋視覚的にこの絵を観る場合は、全体を認識して光にあふれた海の風景だと捉え、主題であるイカロスの脚は、絵の細部であるがゆえに見過ごしてしまうのである。この具体例を一般化して考えればよい（問三の〔解説〕参照）。
問五　第四段落冒頭の「タイトルを知ったとき、全体の知覚が変化する」が、傍線部③とほぼ同じ内容を述べていることに注目。その後詳しい説明が続く。イカロスの脚を認識するまでは全体の中心は遠景の太陽と光であり、主題を描いた細部は看過されていた。しかしイカロスの脚を認識した後は、そこが全体の中心になるのである。
問六　一つ目の空欄10の直前にある、ダイダロスの息子への教訓がヒント。低く飛んでも高く飛んでもいけない、中程を飛んでいくのだ、という内容を表現している言い回しを選ぶ。
問七　1、農夫と羊飼い（牧人）は第二・六段落、漁師は第六段落の記述と合致。2、第二段落の記述と合致。3、第三・四段落の記述と合致。4、異変に気づいたダイダロスが描かれているのはルーベンスの下絵であり（第五段落）、ブリューゲルの絵におけるダイダロスについては本文に言及がない。また、牧人も空を見上げてはいるが、「その視線はあらぬ方に向けられている」（第六段落）。
問八　傍線部⑤の二文後にある「世界史へのアイロニー」が表現意図である。「歴史的な大事件が起こったとしても、その身近にいた人たちでさえ、それに気づかず、何もなかったかのように、日常生活が繰り返されてゆく」（本文最後の一文）ことがブリューゲルの表現意図だと、筆者は指摘しているのである。
問九　1、タイトルの機能について説明した文章ではあるが、「タイトルを知ることが必要不可欠である」とは一切述べられていない。2、第二～四段落の内容に合致。3、第一段落の内容に合致。4、第一段落の内容に合致。

二

出典　『発心集』〈巻第六　九　宝日上人、和歌を詠じて行とする事〉

解答

問一　1
問二　1
問三　2
問四　3
問五　1
問六　3
問七　4
問八　3

◀解　説▶

問一　具体的には暁、日中、暮れの決まった時刻に和歌を詠じ、「日々に過ぎ行くことを観じ侍る」こと、つまり世の無常と向き合うことである。1は「空しく暮らさぬようにはしよう」の部分が暁の歌の「空しく暮れんとすらん」と合致しない。「暮れん」の「ん」は推量の助動詞「む」であり、打消の語ではない。2は日中の歌、3は暮れの歌、4はその後の説明に合致する。
問二　「ぬ」は完了の助動詞で、ここでは終止形に接続する推定の助動詞「なり」と合わせ、「明けたようだ」と訳す。イは格助詞、ウは形容動詞「あはれなり」の連用形活用語尾、エは断定の助動詞「なり」の連用形。
問三　往生のための仏道修行の様々なあり方を述べた後、深い道理をきわめる道である和歌もその一つだとする文脈である。「ぬべし」は強意の助動詞「ぬ」と推量の助動詞「べし」。
問四　定子の和歌の上の句は「一晩中交わした約束を忘れないのなら」の意である。和歌の後の「かくれ給ひける時、御門に御覧ぜさせんため」という記述に注目。定子が、自分の亡き後に帝に見てもらうために詠んだ和歌であることから判断する。
問五　定子についての記述が長いが、これは挿入部分で「夜もすがら」の歌の説明をしたものである。傍線部⑤の主部は二重傍線部ⓑの直前にある「近く蓮如といひし聖は」である。
問六　「かくしつつ」は品詞分解すると〝このように〟という意を表す副詞「かく」＋サ変動詞「す」連用形＋接続助詞「つつ」で、〝このようにしながら〟という意味。1と2はまずこの点で解釈が不適切。「かく」は定子の和歌を詠じながめては尊勝陀羅尼を唱えて後世を祈る蓮如の行為を指す。また「いみじ」は、そのような蓮如を数奇者とし、肯定的に評価した言葉。
問七　具体例として挙げられた様々な「行ひ」「勤め」をまとめて評している部分。全体の主題は後世のための勤めの尊さを述べているので、下に「思ふべきにあらず」（＝思ってはならない）と続く空欄7には否定的な語句が入る。あとは選択肢の語をあてはめながら、自然な訳となるものを選ぶ。1は〝平凡だ、いいかげんだ〟または〝並一通りでない〟、2は〝むりやりだ、熱心だ〟、3は〝わけもなく、むやみやたらな〟あるいは〝思いがけない〟の意で、文脈に合わない。4、「あだなり」は〝はかない、むだだ〟の意。
問八　傍線部⑦を含む一文を正しく読めるかどうかが問われる。1、本文中「身をしづめるをも愁へず」は〝わが身がおちぶれるのも嘆かず〟の意。また、荒行に関する記述はない。2、本文中「世の濁りにしまぬ」は〝世間の濁りに汚されない〟の意。3、本文中「おのづから生滅のことわりも顕はれ」の記述と合致。4、本文中「名利の余執つきぬべし」は〝名誉への執着がなくなってしまうだろう〟の意。「つき」は「付き」ではなく「尽き」、「ぬ」は打消の助動詞ではなく強意の助動詞「ぬ」である。

三

出典　森崎和江『風――森崎和江詩集』＜『風』―私が詩を書き始めた頃＞（沖積舎）

解答

問一　2
問二　4
問三　2
問四　1
問五　1
問六　4
問七　1
問八　3

◀解　説▶

問一　「原罪」はここでは根源的な罪を意味する。「それ」は直前の「支配民族の子どもとして植民地で感性を養ったこと」であり、なぜそれが「苦悩」「原罪」と表現されているのか、という点に注目。第一段落から第三段落を読むと、筆者は植民地である朝鮮で幼少期を過ごし、その地に愛着を持ちながら感性を養っている。幼いとき、意識してはいなかったが、自分が支配側であったことに罪の意識を覚えているのである。
問二　傍線部②の次の一文「朝鮮人に愛情を持ち……」と合わせて筆者の心情を理解したい。筆者は傍線部③の次の文でも「私ら家族は朝鮮が好きだったから、その固有の文化の流れを、私の感性は吸いあげてしまっていたのだ」と述べている。「深く侵していた」とは、朝鮮を侵略したという意味合いではなく、朝鮮の人々や歴史、心情を愛し、それらに支えられて感性を育んだことを指しているのである。
問三　「個人史の一端が自分の手にもどらぬこと」は、当事者として「ちぎれた肉のように痛く思った」一方で、同じことを「他人のことならば」、つまり客観的に見た場合はそうではない、という文脈である。「被支配民族を傷つけた者たちの、尊大な生活の跡」と「批判の火で焼きつくせばいい」の結びつき方を端的に表現する語は何か、考える。
問四　傍線部③は倒置法であり、本来の位置は「批判の火で焼きつくせばいい」の前であることに留意。「一市井人の唄」が何を表しているのかがポイント。
問五　傍線部④は、ここまで繰り返し述べられてきた筆者の苦悩がよく現れた箇所である。朝鮮を深く愛する筆者にとって、自身が支配側の日本人だということは、まさに「なんということ……」（傍線部④の直後の一文）なのである。支配する側でありながら、支配される側に深い愛着を持つ筆者の葛藤を理解する。
問六　傍線部⑤を含む段落に、嫌悪感の理由が述べられている。「異質な価値観との共存世界がこの世だとの思いがあった」（第三段落）筆者にとって、「内にこもってしまう」「異質の文化を認める力が弱々しい」「むしろそれを排斥する」ように感じられる日本の風土は、残念なものであった。「こんな風土が母国なのか」と失望の言葉を次の段落で語っている。
問八　母国に誇れる部分を見出せなかった筆者が「ともかく、生きて行こう生きて行こうと、一日一日這うように過ごした」（傍線部⑤の三つ後の段落）日々の中で、「目の前の流木につかまる」（傍線部⑦）ような気持ちで詩話会に参加し、詩作を心の支えとして日本で生活していこうと、当時の筆者は感じていたのである。

二月十二日実施分

問題

（六〇分）

〔一〕　次の文章を読んで、後の問いに答えよ。解答番号は〔一〕の 1 から 13 までとする。

『コーラン』と『千夜一夜』、この二つの名前は僕らの耳になんとも言えぬ懐しい親しみをもって響いてくる。いかにも異国趣味的でありながら、しかも自分の身内のように親しいのだ。僕と同年輩の人は大抵そうだろうと思うが、少年の頃、僕は『千夜一夜』——アラビアン・ナイト物語——を耽読《たんどく》した。魔王の壺《つぼ》や不思議なランプの物語を飽きもせず何度でも読んでいた。勿論《もちろん》『コーラン』を読んだことはなかったが、それでも『千夜一夜』のおかげで、コーランとかアッラーとかについては、我がことのように知っていた。

事実、『コーラン』と『千夜一夜』とは我々の大部分にとってまさにアラビアそのものを代表している。大抵の人はアラビアと言えば先ずこの二つを考え、そしてこの二つしか知らない。『コーラン』はアラビアの宗教を、『千夜一夜』はアラビアの文学を代表し、そしてその全《すべ》てなのである。しかしこれはなにも日本だけに限ったことではない。最近では世界政治の急激な発展でアラブの動きが注目の的になっているし、また例えばイギリスなどではそろそろ本格的なアラビア文学の作品が翻訳されだしているのでいささか事情が変りはしたが、それにしても常識的にはやはり西欧でも、この二つがアラビアの代表的書物であることに違いはない。ヨーロッパの人たちは『コーラン』については中世紀、かの十字軍遠征のころから①その有難みをいやというほど思い知らされて来たわけだし、また『千夜一夜』の方も十八世紀の初めフランスのガラン Galland が翻訳——とは義理にも言えぬ半ば翻案、半ばⓐギサクのようなもので一気に読書人の人気をさらって以来、忘れ得ぬ書物の一つとなって今日に至った。アラビア文学と言えば『千夜一夜』しかないとすら思っている人も少なくないのである。

僕はここで専門的な立場から一寸《ちょっと》こういう常識的な見方に異を唱えてみたいと思う。それによっていくらかでもアラビア文化とかアラビア精神とかいうようなものが正しく理解されるようになれば幸いである。

と言っても、無論『千夜一夜』の文芸的価値を貶《おとし》めようなどとするつもりではない。この大きな物語の集成がこうまで世界的人気をかちえたのには、それだけの裏付けがちゃんと備わっていたからなのであって、たしかにそれは他に比類ない独自な文学性をもっている。ただここで僕が問題としたいのは、それが本当にアラビア文学の代表的作品か、②純アラビア的な創作か、ということである。そして我々が一度③こういう立場に身をおいて見ると、『千夜一夜』は忽《たちま》ちその非アラビア性をあらわにするのである。『千夜一夜』のアラビア性はほんの上辺だけのお飾りにすぎない。アッバス朝の都バグダードの街にアラビア風の名前の人物が入り乱れ、文化史上有名な名君ハールーン・アッラシードが活躍し、事あるごとにアッラーの「いと高き御名」が讃えられ、『コーラン』の文句が唱えられる、こういう表面だけを見るとこれがアラビア文化というものかと誰しも考えるのは一応はもっともだが、も少し深く考察すると、このいかにもアラビア的な見せかけのⓑヒョウヒのすぐ下にはおよそアラビア精神とは縁のない、④全く異質的な文化の精神が生々と躍動しつつあることを知るのである。

この作品全体を貫いて流れている文学性、物語の発想形式、さらにもっと技術的な、個々の話の筋立て、話の運び、話の材料及びモチーフそのものまで、『千夜一夜』の主要部分は、根本的に、インド・ペルシア的である。第一、この物語の最も顕著な特徴と言うべき「枠づくり」の構成法、つまり一つの物語が展開して行く途中で次々に他の物語を、いわば劇中劇のような具合に挿入して行く方法も元来インド文学の独特な手法であって、アラビア文学としては、およそ異質的な形式である。そればかりかこの膨大なお伽話《とぎばなし》の集成が西暦九世紀から十六世紀乃至《ないし》十七世紀に至る約八百年の長年月にわたって生長して行ったその地域は、シリア、メソポタミア、エジプトなど、いずれも本来のアラビアではなくてかつてアラビアに征服され、自分の母国語を失ってアラビア化された、異民族の国々であったことに注意する必要がある。

今、僕は本来のアラビアと言ったが、これがいわゆるアラビア半島、特にその北部地帯を指すことは勿論である。そして本来のアラビア人、つまりアラビア人中のアラビア人とはこの半島の沙漠に住む遊牧の民、ベドウィン達であることも。

ところで、こういう観点から、さきに挙げた「純アラビア的」ということを取り上げてみると、『千夜一夜』どころか『コーラン』すらいささか問題になって来るから⑤奇妙なものである。

沙漠のベドウィンは、その特異な生活環境と風土からくる幾つかの極めて著しい特徴をもっている。ここでは紙面に限りがあってそれらを一々述べることができないのは残念だが、文学的に見て、一番重要な特徴として、想像力の欠如ということだけを指摘しておこう。乾燥アジアの名のごとくかさかさに乾き切った沙漠のクリマの中では、人間の空想力や想像力は影も形もなく蒸発してしまうのでもあろうか。

アラビア人は峻酷《しゅんこく》な現実主義者だ。彼らの生きている現実そのものがそれほど峻酷だからである。彼らの精神には空想という一種の弛《ゆる》みがはいりこむ隙はない。鋼《はがね》の糸のようにぴーんと張り切っているのだ。こんな精神の持主には、物語は作れない。物語とは、要するに直接の現実をⓒユウリして、空想の導きに身をまかせた時はじめて生れる文学だからである。だから古代アラビアには神話すらなかった。マホメット出現以前、北アラビア一帯では幾百という偶像神が祀《まつ》られていたが、それらの神々には系譜がなかった。この事実がどんな大きな意味をもっているかは、ギリシアの神々のあの複雑な系譜と、それをめぐって展開する数々の神話を考え合わせるだけで充分だろう。アラビア沙漠には［　A　］はあっても［　B　］はないのである。これは殆《ほと》んど他に類例のない異常なことである。神々の物語が生れなかったくらいだから、まして『千夜一夜』式のお伽話など生れようはずがない。

　アラビア沙漠の生み出した唯一の本格的文学は抒情詩である。それは烈《はげ》しいベドウィンの精神が烈しい沙漠の現実にぶつかって発した呻《うめ》き声のようなものだ。空想や幻想は微塵《みじん》もない。感じやすい彼らの魂が自分で本当に生々しく感じたこと、体験したこと、己が目で見、耳で聞き、膚《はだ》で触れたことばかりである。それらの詩をめぐって、一体どんな詩人がどんな時にそれを歌ったか、その詩人はどんな一生を送った人だったか、そこに歌われている事件はどうして起ったか、というような伝承もまた古くから沙漠には伝わっていたのであって、これは言わば口碑《こうひ》文学の一種であり、事実またそれは時代と共にますます伝説的性格を帯びてくるのだが、しかし本来的には、それはあくまで現実にあったこと、本当に人々が見聞きした事件のルポルタージュなのである。我々が物語文学として理解しているものとは性質が違う。

　見方によっては『コーラン』にすら問題があるとさっき書いたのもこれに大いに関聯《かんれん》がある。文庫の口語訳『コーラン』の中巻の解説で、僕は、中期の啓示の大きな特色としてその物語性ということを指摘した。抒情的性格が顕著だった初期の啓示に対照して、中期では言葉がⓓレンメンと流れ、ゆっくり一定の筋の展開を追っている、と。この現象は当時のアラビアでは、今日僕らが外から考えるより遥かに⑥深刻な意義をもっているのだ。簡単に言えば『コーラン』中期のこの説話性、物語性は、著しく非アラビア的な現象なのである。そしてこの異常な現象が、メディナの邑《むら》でのユダヤ人との親しい交《まじわ》りから来たものであることも、僕が同じところで指摘した通りである。『旧約聖書』は美しい、珍らしい説話の宝庫のようなものである。ユダヤ人の邑メディナに移住して来たマホメットは旧約文学からこうして決定的影響を受けるのである。

しかしもっとよく考えて見ると、マホメットには始めから異常な想像力、幻想の資質があった。彼が天使ガブリエルの姿をありありと認めて、その促しによって回教《イスラーム》という宗教を興したそもそもの最初から、彼は普通のアラビア人とは根本的に違った不思議な人間だったのである。『コーラン』初期の啓示を充《み》たしているあの恐ろしい天地ⓔシュウマツの光景、手にとるごとく描き出される天国と地獄のありさま、いずれも異様な幻想的性質を予想せずには理解できぬものばかりである。

（井筒俊彦「コーランと千夜一夜物語」による）

問一　二重傍線部ⓐ〜ⓔの漢字と同じ漢字を含むものを、次の各項の中からそれぞれ選び、その番号をマークせよ。

1　ⓐ
1　モギ試験を受ける
2　キョギの申告をする
3　イギを申し立てる
4　サギ罪で訴えられる

2　ⓑ
1　ヒニクな結末
2　ヒナン訓練
3　ヒクツな態度
4　ヒマツ感染

3　ⓒ
1　ユウキュウの歴史
2　ユウダイな景観
3　ユウキュウ休暇
4　ユウエン地に行く

4　ⓓ
1　メンキョの更新
2　メンカイを拒む
3　メンミツな計画
4　メンルイを食べる

5　ⓔ
1　シュウカン誌を読む
2　シュウチ徹底する
3　派閥のリョウシュウ
4　ユウシュウの美

問二　傍線部①はどういうことか。最も適切なものを次の中から選び、その番号をマークせよ。6
1　捕虜にしたイスラム教徒から『コーラン』のすばらしさを重々聞かされてきた
2　『コーラン』に書かれているままの奇跡が起こる様子を目の前で何度も見てきた
3　キリスト教徒にとっても『コーラン』が神聖な書物であることを実感してきた
4　『コーラン』の教えを信じるイスラム教徒から手痛い反撃を繰り返し受けてきた

問三　傍線部②は何を指して言われているか。最も適切なものを次の中から選び、その番号をマークせよ。7
1　世界政治の変動で注目される以前のアラブ地域の文化
2　アラビア半島の沙漠で暮らす遊牧民ベドウィンの生活
3　『コーラン』に則って生活を律するイスラム教の精神
4　エジプトやメソポタミアに代表される古代文明の系譜

問四　傍線部③はどういう立場か。最も適切なものを次の中から選び、その番号をマークせよ。8
1　『千夜一夜』の価値を学問的に評価するアラビア文学の専門家としての立場
2　『千夜一夜』を『コーラン』とは別に独自な文学作品として問題にする立場
3　『千夜一夜』を通してアラビアの文化が正しく理解されるように努める立場
4　『千夜一夜』と『コーラン』によってアラビアを代表させる常識を疑う立場

問五 傍線部④にあてはまらないものを、次の中から一つ選び、その番号をマークせよ。 9
1 想像力によって生まれる幻想性
2 入れ子構造の手法による物語性
3 現実の体験が裏打ちする抒情性
4 美しさと珍しさに満ちた説話性

問六 傍線部⑤はなぜそう言われるのか。最も適切なものを次の中から選び、その番号をマークせよ。 10
1 アラビア人の生活の根本にあるはずの『コーラン』がアラビア的でないということになるから
2 奇妙な物語が展開する『千夜一夜』の発想形式が『コーラン』の構成原理にも及んでいるから
3 聖典であって文学作品ではないはずの『コーラン』を『千夜一夜』と同列に語れてしまうから
4 『千夜一夜』に見て取れる矛盾が『コーラン』の抱える問題点として浮かび上がってくるから

問七 空欄 A B に入る言葉の組み合わせとして、最も適切なものを次の中から選び、その番号をマークせよ。 11
1 A 文学 B 物語
2 A 偶像 B 空想
3 A 唯一神 B 系譜
4 A 神々 B 神話

問八　傍線部⑥の理由として、最も適切なものを次の中から選び、その番号をマークせよ。 12
1　初期から中期にかけて『コーラン』の文体と内容に著しい変化が見て取れるから
2　多神教的なアラビア文化にとってマホメットの出現が重要な転回点になったから
3　イスラム教の聖典における説話的想像力がユダヤ人との交流の成果であったから
4　珍しい説話の宝庫としての『旧約聖書』をイスラム教の預言者が再発見したから

問九　本文の内容と合致しないものを、次の中から一つ選び、その番号をマークせよ。 13
1　インド・ペルシア的な物語の構成法はアラビア半島の国々で生長していった
2　純アラビア的な文学における想像力の欠如は特異な生活環境に起因している
3　一切の空想を欠いた抒情詩はアラビア沙漠が生んだ唯一の本格的文学である
4　マホメットの天性の異常な想像力は旧約文学の影響によって大きく開花した

〔二〕　次の文章を読んで、後の問いに答えよ。解答番号は〔二〕の 1 から 8 までとする。

海野幸典子ぬし、門人に「てにをは」を示し、あまりに口がくたびれしかば、とろとろと眠られし夢の中に、紫元結にてもとどりを巻き、道行きぶりのやうなる衣を着て、葛の袴をはきたる老人、本居宣長と名のりて座につけば、幸典ぬし驚きて、うやうやしく座をしりぞき、「それがし翁の徳義学風をしたひ、みづから弟子と称して、なほも翁の歌文に長じ給へるを、主張いたし候ところに、よくこそ御来臨下されたれ」といはれしかば、宣長会釈して、「足下予が生前の門人ならねども、孔子が尭舜を師としたる志にもとづき、弟子の礼をおさめらるること、祝着千万なり。さていふべきは、予元来県居の翁の門に入りて、古への道を振るひしことは、県居の翁の遺意にて、歌ぶみの事は、いはば枝葉といふべきことながら、『てにをは』は、古書をよみ文学びするもの、一日もしらでかなはぬ事ゆゑ、まづ『紐鏡』をもつて初学をさとし、さて『玉の緒』を作りて大体をしめしたるに、足下よく通覧して、予が『玉の緒』に論じたる説の、あやまりあるを考究せらるること、すなはち予が後説にして至極よろしき事なり。

しかるに近ごろ、『てにをは』に通達せられしを自負の余、慢心と見えて、『天語通』とか『天狗通』とかいふものを書き、人に示さるるよし承り及び、予もさる席にて一見せしが、何か大きなる紙へ、アカサタナの五十韻字を書きて、箱の中より小札をとり出だし、何のことばにもあれ、一言よりして千万語にはたらく言葉を、小札にてあちらへやりこちらへやり、『ここへ行くとかう転ず』『かしこへ行けばかうはたらく』といふやうに、目まぎらしく転じてはたらかせらるる故に、初学や愚昧固陋《ぐまいころう》なるものども、一驚をくらひて珍しき事におもひ、一時に名を轟かせられたれども、上木《じやうぼく》しておほやけにするといふ噂ばかりにて、今に世に示されず。あまつさへ近ごろは、小札の箱も図もどこかの隅へおしかたづけて、天語の天の字もいはれぬは、いかなることにや。

大かた、よく思ひて見れば、すべて言葉のはたらきは、足下のごとく図を書きたり札を作りたり、一言の下へ系図を引いて、何十言にはたらくなどといふやうにこそ弁へ［3］、皇国の人は誰も誰も、用ひ慣れ、働かし来たりて、何となく覚えて居ることなれば、『さらば図説を公行せん』と気をとりて見れば、いはずとも知れし事なる故に、一時の名を売りたるをてがらにして、③引きこませられしなるべし。予もよくはおぼえぬが、見ルといふ詞などは、ラ行に移りては『見ラン、見ル、見レ』とはたらきなれたることばながら、行《ゆく》を『行《ゆく》ラン、行《ゆけ》リ、行ル、行レ』、知《しる》を『知《しる》ラン、知リ、知ル、知レ』とはたらかす例になぞらへて見れば、見《みる》も『［5］』ともはたらくべき格なり、といふやうなる説もありしとおぼゆ。

すべてことばのやちまたにわかれゆくことは、天地自然の妙用、いはゆる言霊のさちはふ国がら故ながら、古人エも別に例なき言葉を、みだりにはたらかしたることなし。いかにも、見は見ランとつかひし例あれば、『［5］』ともいはばいはるべきやうなれども、『古事記』は［6］、『日本紀』以下の国史、祝詞、宣命、『万葉』の歌ども、三代集その余、『うつほ』『源氏』のたぐひ、歌物語の上にも、すべて一つも例ある事なし。もしはたらくべき格あらば、あまたの古書の中に、ただ一処ぐらゐは用ひてあるべきはずなり。例せば『射ル、居ル』などのごとき、『居リ、射リ』とははたらかざるがごとし。

足下、④予が影に吠えて、『てにをは』を唱へ、一家を成したるは手際なれども、惜しいかな、学問なき故、強説も出来るなり。ちと予がこころざしの、『てにをは』に住せるに非ざるを弁へて、よく古書を読みわたし、さて天語でも地語でも解かるるがよし。千言万語ただ章をつみ、句を探る、歌文章の上のみにて、悟り得べきことにあらず。すべて足下に限らず、『てにをは家』は、ただ章句にのみ泥《なづ》むが故に、たまたま半ぺらや一枚のはした文を作《か》きても、幽艶閑雅なることはさておき、文義浅くして、全部の趣意通らぬもの故に、古学者流の中にては、とかく議論したがるなり」。


（『しりうごと』による）

問一 傍線部①が指す人物として、最も適切なものを次の中から選び、その番号をマークせよ。1
1 賀茂真淵
2 藤原定家
3 平田篤胤
4 荷田春満

問二 傍線部②の動作主として、最も適切なものを波線部ア〜エの中から選び、その番号をマークせよ。2
1 ア 門人
2 イ 足下
3 ウ 初学
4 エ 古人

問三 空欄 3 に入る言葉として、最も適切なものを次の中から選び、その番号をマークせよ。3
1 ね
2 ず
3 ぬ
4 に

問四 傍線部③の意味内容として、最も適切なものを次の中から選び、その番号をマークせよ。4
1 取り下げになされるがよい
2 取り下げなされたのであろう
3 取り下げなさるにちがいない
4 取り下げにならなければならない

問五　空欄 [5]（二箇所ある）に入る言葉として、最も適切なものを次の中から選び、その番号をマークせよ。
[5]
1　見ケリ　2　見リ
3　見ム　4　見タリ

問六　空欄 [6] に入る言葉として、最も適切なものを次の中から選び、その番号をマークせよ。
[6]
1　しどろなり　2　さらなり
3　ことなり　4　まめなり

問七　傍線部④の意味内容として、最も適切なものを次の中から選び、その番号をマークせよ。
[7]
1　私の影に隠れて『てにをは』を提唱し、一集団を成したのは要領が良かったが
2　私が暗に批判したのに『てにをは』を称し、一学派を成したのは上手だったが
3　私が無名のまま『てにをは』を提唱したことに乗じて一家を成したのは許すが
4　私に対抗して『てにをは』を主唱し、一流派を成したのは見事ではあるが

問八　本文の内容と合致しないものを、次の中から一つ選び、その番号をマークせよ。
[8]
1　宣長は、語の活用に関する幸典の主張に足りない古書の用例を補足した
2　宣長は自説の誤りを指摘した幸典の研究に一定の評価を与えた

3　宣長は、幸典の『天語通』が出版されないことを強く批判した
4　古書を研究する際に章句に拘泥するのは、宣長の主眼ではなかった

〔三〕　次の文章を読んで、後の問いに答えよ。解答番号は〔三〕の 1 から 8 までとする。

まとめるなら、安心とは、「相手のせいで自分がひどい目にあう」可能性はゼロだと感じること、信頼は「相手のせいで自分がひどい目にあう」可能性がありながら、にもかかわらずひどい目にあわない方に賭ける、ということである。もしかしたら、一人で出かけた子供が行き先を間違えて迷子になるかもしれない。途中で気が変わって、渡した電車賃でジュースを買ってしまうかもしれない。それでもなお、行っておいでと背中を押すことが「信頼」である。

ポイントは、信頼には①「にもかかわらず」という逆接が含まれることだ。社会的不確実性がある「にもかかわらず」信じる。この逆接を埋めるのが信頼なのである。なんて不合理な、と思われるかもしれない。けれどもむしろ、ものごとを合理化するために信頼がある、と考えるべきだろう。

（中略）

ここまで見てきたとおり、「安心」に支配されがちなケアの現場にとって、相手の不確実性を許す「信頼」にもとづく関係をむすぶことは、どんな小さなことであっても当事者が挑戦をし、人間らしく生きる上で、非常に重要な意味を持っている。

しかし、ここまで論じてきたのは、あくまで「ケアする人が、ケアされる人の可能性を信じられるかどうか」という意味での信頼であった。つまり、強くより自由度が高い者の、弱くより自由度が低い者に対する信頼である。しかし当然ながらその

逆方向の信頼もある。つまり、②ケアされる人の、ケアする人に対する信頼だ。

この「される側」から「する側」への信頼は、「する側」から「される側」への信頼とは、性質が異なっている。なぜならケアされる側には、「ケアしてもらわないと生きていけない」という選択の余地のなさ、あるいは選択肢の少なさがあるからだ。「信じない」というオプションを選びにくい状況で、相手を信頼しなければならない場合がある。これは「する側」から「される側」への信頼にはない要因である。

たとえば、全盲の西島玲那は、筆者によるインタビューで、街で会った人に介助してもらうときには、ちょっとした「覚悟」が伴うと話している。


声をかけてくれる人に委ねるときには、だまされる覚悟で委ねるんです。お金とられるかもしれないし、変なところに連れていかれるかもしれないし、晒されるかもしれない、そういうことを全部置いて信じるんだけど、そうなったとて自分の責任だと思ってやるから、ちっちゃなちっちゃなおごとなんです。


あらかじめ断っておくと、彼女は基本的には明るく、好奇心旺盛なタイプだ。盲導犬と二人だけで温泉旅行に行くこともあり、行先で道に迷っても、そこで人に助けてもらったりする出会いが楽しいと言う。快適だと人は孤独になる。むしろ適度な冒険が楽しいのだ、と彼女は言う。

そんな冒険好きの西島でさえ、街中で会った人に身を委ねるときには「だまされる覚悟をする」。視覚障害者の場合は、介助してもらうために、相手が自分の体に触れることも多い。この人は、もしかしたら自分を殺すかもしれない。殺すというところまで行かなくても、人影のないところに誘導して、金品を奪うかもしれない。こうしたリスクを意識しながら、それでも声をかけてくれた人を信頼して、物理的に体を委ねるしかない。それは最悪の場合には死をも意味するような不確実性がある「にもかかわらず」、生み出さなければならない信頼である。

そう、それはまさに③「生み出さなければならない」信頼である。彼女は驚くほど注意深く周囲の人を観察する力を持っているが、それでも会ったばかりのその人の本心を知るのは不可能に近い。だから、人間性が分からないその人のことを、まさに賭けのように「えいやっ」と信頼するしかない。出かけるたびにそんな機会に何度もさらされるのは、確かに「ちっちゃなおおごと」である。

けれども西島は、そういう偶然出会った人の「無責任な優しさ」でこそ自分は生きているんだ、とずっと思ってきたと言う。もちろん、助けてくれることはものすごくありがたい。だがその人は自分に対して何かの責任を負っているわけではなく、関係は一瞬である。彼女は「死ぬかもしれない」と思っているが、声をかけた人は、せいぜい数分か数十分、自分の時間を割くつもりで彼女に声をかけたはずだ。そこには④残酷なほど非対称な関係がある。でもそのような刹那的で　5　人間関係こそ、むしろ自分にとっては重要だ。彼女はそう思ってきたのである。


無責任な優しさで生きているんだって思っていたんです、ずっと。責任がないから優しくできるんだって。街で会って、声をかけてくれて、手を貸してくれる、でもそのあとその人が無事に家についたかとか、目的地についたかとか、知らないわけですよね。だから、ばったり遭遇したり優しくしてもらう機会は、回数でいえばすごく多いけど、フラットに人と関わって、好きだの嫌いだの、という人数はすごく少なくて、でも密に関わる人は多くて。この三つのなかで、私が生き残るうえで一番重要な人間関係はどれだって思ったときに、ばったり街であった人が一番、実際のところは、自分の生活を救ってくれているはずだと思うんです。自分のあぶないときに「あぶない！」と引っ張ってくれたりとかね。

偶然会った人たちの「無責任な優しさ」によって生きているという感覚。その背後にあるのは、見えなくなっても自立した人として生きていこうとする彼女の意志である。※熊谷晋一郎の「自立とは依存先を増やすことである」という言葉どおり、彼女は、まさに無数の出会いを使いこなすことによって、街に出て生きていこうとしてきた。特定の誰か、たとえば親にだけ依存してしまうと、親がいなくなったときに自分の生活が立ち行かなくなってしまう。そうではなく、依存先を街中に分散させることにした。そして、不確実性も「冒険」として乗りこなすようにしてきた。「歩くのも怖くないと言ったら嘘になるけど怖いと言ったらもう終わる」と。

けれどもそのことが、⑤「人を信頼する」という心の動きをこじらせてしまっていたことに、彼女は気づくことになる。無責任な優しさを刹那的に信じるということを重ねていくうちに、特定の人を深く信頼するということができなくなってしまったのだ。

結婚して3年くらいは、夫を傷つけまくっていました。傷つけに傷つけて、ひとつ大きいのは、私が本当のところで夫を信用していないということでした。もし自分（夫）のほうが大変になったら……（いなくなっちゃうのではないか）という極論も含めて、どこかで覚悟していなきゃいけない、という思いがあった。夫になってくれた人がほんとうに自分によりそって生きてくれるかどうかは、信じたらダメ、と自分がそれに一番ストッパーをかけていることが安心・安全だったんです。

街で生きていこうとする彼女にとって、信頼が、ケアする人とケアされる人のあいだの非対称性を埋めるために無理にでも生み出すべきものとなり、相手の人柄そのものを知ったうえで深く長く信じる、ということができなくなってしまった。頭では夫という大切な一人の他者と深い信頼関係を築きたいと思っているのに、全身を預けてよりかかることが、怖くてできない。不確実性が脳裏から消えることはなく、したがって「安心・安全」に到達することができない。その支えがなくなってしまったら、自分の生が立ち行かなくなってしまうだろう。常に「もしも」を意識してきたからこそ、目をつぶって飛ぶことのリスクばかり考えてしまっていた。
[A]自立と結婚は、必ずしも対立するものではないはずだ。パブリックな人格と、プライベートな人格を両方持ち、それらをうまく使い分けている人もたくさんいる。[B]、障害がある人の場合、信頼に伴う覚悟は障害を持たない人よりもはるかに大きくなる。[C]その大きさの中でバランスをとることは、必ずしも容易なことではない。西島はいまでは自立と結婚を両立させているように見えるが、その状態に至るまでに三年の月日を要したのである。

信頼について、どんな人にも、どんな場合にでも当てはまる一般解はない。同じ相手であっても、ちょっとした表情や、自分のその日の体調によって、信頼できるときとできないときがあったりするものだ。それはとりもなおさず、信頼が、⑥私たち生の不確実性に寄り添うものであるからに他ならない。だから、信頼は制度化できない。制度化した時点で、それは不確実性を失い、信頼そのものではなくなるからだ。
ただ、心に留めておくべきなのは、私たちは目に見える相互作用の背後で、相手に対して賭けをしているということだ。この賭けのなかで人と人の関係は作られ、それが個人の生を解放することもあれば、硬直させることもある。※大学という場で始まった「リアルゼミ」がこの解放につながることを期待している。

(伊藤亜紗「信頼の風土」による。ただし本文の一部を省略した)

※熊谷晋一郎……小児科医。新生児仮死の後遺症で脳性まひに、以後車いすでの生活となる。障害や病気のある本人が自らの困りごとについて研究する「当事者研究」に携わる
※大学という場で始まった「リアルゼミ」……本文は、二〇一四年以降複数の大学で開催されている「障害者のリアルに迫るゼミ」に寄せて執筆された

1

問一　傍線部①の説明として、最も適切なものを次の中から選び、その番号をマークせよ。
1　「ひどい目にあう可能性がある」と「ひどい目にあわない方に賭ける」とが対義の関係になっている
2　「子供が迷子になる」と「行っておいでと背中を押す」とには一見それと分からない真理が含まれる
3　「子供が目的地に着けない可能性がある」と「子供を送り出す」とは順当な因果関係になっていない
4　「社会的不確実性がある」と「社会的不確実性を信じる」との間に合理性で説明できない関係がある

2

問二　傍線部②の説明として、最も適切なものを次の中から選び、その番号をマークせよ。
1　相手の不確実性を許さないにもかかわらず相手を信じること
2　自由度とは異なる性質の関係性に基づいて相手を信じること
3　ケアされる人もケアする人々の持つさまざまな可能性を信じること
4　相手を信じないという選択肢を選びにくい状況で相手を信じること

問三　傍線部③の説明として、最も適切なものを次の中から選び、その番号をマークせよ。

3
1　街で会った人に介助してもらうために、会ったばかりの人の人間性を無理にでも信じること
2　適度な冒険を楽しもうと、街中で声をかけてくれた人にだまされる覚悟で身を委ねてみること
3　死をも意味するような不確実性を消し去るために、街で出会った人と新たな信頼関係を築くこと
4　初対面の相手の本心など分からないのに、相手を信じているかのようにふるまうしかないこと

問四　傍線部④の説明として、最も適切なものを次の中から選び、その番号をマークせよ。　4
1　助ける人にとってはたった一回の出来事だが、助けられる人はそれを何回も経験しなければならないという、非常に不公平な関係
2　ケアする側は無責任でよいのに、ケアされる側は自分の死すら覚悟しなければならないという、余りにも釣り合いのとれない関係
3　声をかけた側にとっての数分や数十分が、声をかけられる側にとっての一生に相当するという、ひどくバランスを欠いた関係
4　偶然出会っただけの人は「死ぬかもしれない」と思っている彼女の不安を無視してしまう、一瞬の交わりゆえの温かみに欠ける関係

問五　空欄　5　に入る言葉として、最も適切なものを次の中から選び、その番号をマークせよ。　5
1　優しい　2　むごい　3　軽い　4　浅い

問六　傍線部⑤の説明として、最も適切なものを次の中から選び、その番号をマークせよ。 6
1　信頼したい大切な人なのに、不確実性が脳裏から消えず信じる手前で踏みとどまってしまう
2　特定の人への信頼においても、街の人に対してと同じように無責任な優しさを求めてしまう
3　結婚したものの夫の行動を疑い、本当のところで夫を信用できずに傷つけてしまう
4　安心・安全な関係に依存するあまり、大切な他者と信頼関係を築けなくなってしまう

問七　空欄 A B C に入る言葉の組み合わせとして、最も適切なものを次の中から選び、その番号をマークせよ。 7
1　A　しかしながら　B　そして　C　もちろん
2　A　しかしながら　B　もちろん　C　そして
3　A　もちろん　B　しかしながら　C　そして
4　A　もちろん　B　そして　C　しかしながら

問八　傍線部⑥の説明として、最も適切なものを次の中から選び、その番号をマークせよ。 8
1　私たちの未来について確実なことは何も分からないという真実を含み込んでいる
2　生の不確かさを織り込みつつ、それでもなお私たちの生をコントロールしている
3　目に見える相互作用の背後で相手に対する賭けが行われている事実に気付かせる
4　生きていれば当然起こりうる私たちの様々なゆらぎに合わせてその都度変化する

二月十二日実施分

解答

一

出典　井筒俊彦「コーランと千夜一夜物語」（『読むと書く―井筒俊彦エッセイ集』〈第一章　回教学の黎明〉慶應義塾大学出版会）

解答
問一　ⓐ―2　ⓑ―1　ⓒ―4　ⓓ―3　ⓔ―4
問二　4
問三　2
問四　4
問五　3
問六　1
問七　4
問八　3
問九　1

▲解　説▼

問二　傍線部①の「有難み」が傍点で強調されているのは、皮肉を込める意図があるからである。カトリック諸国がイスラム諸国から聖地エルサレムを奪還するという名目で複数回行われた十字軍の遠征であるが、イスラム教徒の抵抗によって何度も撤退を余儀なくされ、最終的には失敗に終わっている。
問三　「純アラビア的」は言い換えると二段落後に説明されている「本来のアラビア」であり、地理的にはアラビア半島の特に北部地帯、人で言えばそこに住む遊牧の民ベドウィンである。
問四　傍線部③は前の段落冒頭の文の「専門的な立場」を言い換えた表現。第二段落で筆者は「『コーラン』はアラビアの宗教を、『千夜一夜』はアラビアの文学を代表し、そしてその全て」と述べた上で、第三段落で「専門的な立場から一寸こういう常識的な見方に異を唱えてみたい」と問題提起している。
問五　アラビア的な精神を説明している選択肢を選ぶ問題。筆者は「アラビア沙漠の生み出した唯一の本格的文学は抒情詩である。それは烈しいベドウィンの精神が烈しい沙漠の現実にぶつかって発した呻き声のようなものだ」（空欄A・Bの次の段落）と述べている。1・2はインド・ペルシア的であり（傍線部④の次の段落）、4は最後から二つ目の段落にある旧約聖書の説明であるが、その説話性、物語性は非アラビア的な現象だと筆者は指摘している。
問六　傍線部⑤の直前にある「『コーラン』すらいささか問題になって来る」という表現に注目。『コーラン』はアラビアの宗教を代表するものであり（第二段落）、また「アッラーの『いと高き御名』が讃えられ、『コーラン』の文句が唱えられる」のがアラビア文化だと一般的には捉えられているが（傍線部②・③の段落）、その『コーラン』までもが実は「本来のアラビア」（傍線部⑤の前の段落）とは言えないことを筆者は「奇妙」と表現している。
問七　空欄A・Bを含む段落で、筆者は「峻酷な現実主義者」であるアラビア人には、空想に身を任せることで生まれる「物語」は作れず、神話も存在しないことを指摘し、偶像神は祀られていても神々には系譜がなかったと述べている。神々と系譜の話題であるため、1・2はやや不適。3は「幾百という偶像神が祀られていた」と同段落にあるため、Aの「唯一神」が誤り。
問八　「深刻な意義」の内容は傍線部⑥に続く箇所で説明されている。非アラビア的な『コーラン』中期の説話性、物語性は、イスラム教の祖マホメットがユダヤ人と親しく交わる中で、旧約文学から影響を受けたために生じたと筆者は指摘している。
問九　1、インド・ペルシア的な物語の構成法によって作られた『千夜一夜』が生長していった地域は、本来のアラビア

（アラビア半島）ではなく、シリアやメソポタミアなど、かつてアラビアに征服され、アラビア化された国々である（傍線部④の次の段落）。２、傍線部⑤の次の段落の内容に合致。３、空欄Ａ・Ｂの次の段落の内容に合致。４、最後の二つの段落の内容に合致。

二

出典　小説家大人『しりうごと』〈上巻　第二　本居宣長、海野幸典子を詰る〉

解答
問一　1
問二　2
問三　1
問四　2
問五　2
問六　2
問七　4
問八　1

▲解　説▼

問一　傍線部①の前にある「予」は一人称代名詞で、ここでは話し手の本居宣長を指す。宣長は賀茂真淵の門人である。
問二　宣長が海野幸典に話している部分である。傍線部②の動作主は、この前にある「てにをは」に通達したという自負のあまり慢心し、『天語通』とか『天狗通』とかいうものを書いた人物と同じなので、幸典。アの「門人」は〝弟子〟、イの「足下」はここでは二人称代名詞で幸典のこと、ウの「初学」は〝学び始めたばかりの人〟、エの「古人」は〝昔の人〟の意。

問三　直前に係助詞「こそ」があり、活用語の已然形が入ると判断できる。この場合、意味は逆接（けれども）となり、ここでは打消の助動詞「ず」の已然形「ね」が入って、〝理解することはないけれども〟の意となる。
問四　動詞「引きこむ」に尊敬の助動詞「す」と「らる」、過去の助動詞「き」、断定の助動詞「なる」、推量の助動詞「べし」が接続した形である。ここでは海野幸典の「てにをは」の論について話題にしており、前段落で「何か大きなる紙へ……今に世に示されず」と、話題になったのに出版されていないことを述べ、この段落で「いはずとも知れし事なる故に」（＝わかりきったことなので）出版を引っ込めたのだろう、と指摘しているのである。
問五　「行ラン、行リ、行ル、行レ」「知ラン、知リ、知ル、知レ」という例になぞらえる、というのだから、語尾は「ラン」「リ」「ル」「レ」のいずれかになる。選択肢の中では2「見リ」しかない。
問六　「見リ」という活用について、具体的な書名を挙げながら用例がないことを述べている。最初に挙がったのが『古事記』で、その後『日本書紀』や『万葉集』、『源氏物語』などへと続く。選択肢を一つずつ当てはめて検討していくと、〝言うまでもない〟という意味の「さらなり」が最も適当。
問七　格助詞「が」は連体修飾格で、「私（宣長）の影」となる。また「影」は姿、形を表す。「吠ゆ」は動物が声を張り上げて鳴くさまのほか、人が泣きわめく、どなるなどの意味もあることから、「影に吠えて」は4「私に対抗して」という意味になる。行為の主体は幸典。
問八　1、幸典の主張に足りない古書の用例を補足したのではなく、「見ル」という語が「見リ」と活用するという説を例に、古書にその用例がないことを示し、古くからの本を勉強する大切さを説いているのである。2、第一段落の内容と合致。3、第二段落の内容と合致。4、最後の段落の内容と合致。

三

出典　伊藤亜紗「信頼の風土」（熊谷晋一郎、伊藤亜紗、野澤和弘『わたしの身体はままならない―〈障害者のリアルに迫るゼミ〉特別講義』〈2　イバラの道にもバラは咲く〉河出書房新社）

解答

問一　3
問二　4
問三　1
問四　2
問五　4
問六　1
問七　3
問八　4

◀解　説▶

問一　傍線部①に続く二文に注目。「社会的不確実性がある『にもかかわらず』信じる。この逆接を埋めるのが信頼」とある。出かける子どもの背中を押すことを例に、確実ではないにもかかわらず信じる、その不合理性をつなぐのが信頼だと筆者は言っている。紛らわしいのは1だが、挙げられた二項は「対義」とは言えないこと、またこれは後に出てくるケアされる側からケアする側への信頼の説明なので、より限定的な例となっている点で不適。
問二　傍線部②の次の段落に説明がある。ケアされる人は「『信じない』というオプションを選びにくい状況で、相手（ケアする人）を信頼しなければならない」のである。
問三　解答範囲は第六段落（傍線部②の二段落後）から傍線部③を含む第九段落。全盲の西島氏は、街で介助してもらうとき「だまされる覚悟で委ねる」と語っている。「人間性が分からないその人のことを、まさに賭けのように『えいやっ』と信頼するしかない」のである。

問四　傍線部④はケアする人とケアされる人の関係性を述べている。傍線部④の前の部分に注目すると、ケアする側が「無責任な優しさ」で、「せいぜい数分か数十分、自分の時間を割く」一方で、ケアされる側は「死ぬかもしれない」という危険性も感じつつその人を信頼するという状況にある。この差を、筆者は「非対称」と表現している。
問五　街の中で偶然会った人との間に生じる関係性を言い表す語で、「刹那的」と並ぶものは何か考える。３の「軽い」と４の「浅い」で迷うところだが、これと対照的な人間関係について、「特定の人を深く信頼する」（傍線部⑤の段落）、「相手の人柄そのものを知ったうえで深く長く信じる」（空欄Ａの前の段落）とあることから、「浅い」を選ぶのが最適。
問六　傍線部⑤に続く一文に、「無責任な優しさを刹那的に信じるということを重ねていくうちに、特定の人を深く信頼するということができなくなってしまった」とある。無条件に夫を信じるということができなかったのである。３が紛らわしくはあるが、「夫の行動を疑い」が誤り。信用できなかったとはあるが、行動を疑ったわけではない。
問七　まずＢから考えると、「うまく使い分けている人もたくさんいる」が、「障害がある人の場合」には覚悟が大きくなり、バランスをとるのが難しい、という流れになっていることから、Ｂには逆接の接続詞が入る。Ｂに逆接が入っているのは３のみなので、あとはＡの「もちろん」とＣの「そして」を当てはめてみて、自然な文脈になることを確認すればよい。
問八　傍線部⑥を含む段落で、同じ人でも時と場合により信頼できたりできなかったりと、信頼するという行為において普遍的な一般解は存在しないことを筆者は述べている。その不安定さは生そのものが常に変化の中にあることに由来している。

二月十三日実施分

問　題

（六〇分）

〔一〕　次の文章を読んで、後の問いに答えよ。解答番号は〔一〕の 1 から 13 までとする。

こうした謎だらけの初期視覚野※での色の処理に、栗木※が深い関心を抱いているのには、ある種のこだわりがかかわっている。

「森を歩いた時に感じる圧倒的な緑の感覚とか、新緑の緑がすばらしいとか、この色が好みに関わることですとか、そういういきいきした色の見え方の感覚はどこからくるのかというのか、それを知りたいというのがあります。究極的には、網膜上の錐体《すいたい》の応答から始まって、その後のすべての段階で信号がどう変換されていくのか知りたいんですが、網膜のレベルではまだ生の物理信号に近いものですし、かといってもっと高次のレベルになると色のカテゴリーが関係するような記号的な表現になって情報を整理する段階になってしまっています。だから、①その間のどこかに、今言ったようないきいきとした見えにかかわる部分があるはずなんです。そこを私も含めて多くの研究者が関心を持って研究しているんですよ」

栗木の言葉に触発されて、ちょっと想像してみよう。

森の中を歩いているとする。

世界遺産の古い森でも、カブトムシが樹液を吸う ⓐゾウキ林でも、足を水に浸しながら進むマングローブの水没林でもいい。

森の樹冠からは太陽の光が差し込み、風に揺れる木々の葉が光のパターンを乱す。様々な濃淡の緑が溢れかえり、ぼくたちを包み込む――。

そこには圧倒的な視覚的な体験があり、いくら言葉で表現しても表現しつくせないほどのリアリティがある。

もちろん、「言葉で伝わる」ことはある。ぼくは文章で人に伝える仕事をする中で、視覚的な表現で（もちろんほかの感覚についての表現でも）鮮やかに伝わったと言ってもらえることがある。ただ、その時に成功したのは、せいぜい数行の短い文字列で、読者の中にあった体験の記憶を呼び起こしたり、［ 7 ］のスイッチを押したりすることだけだ。そういったことは、頭の中に色にまつわるいきいきした体験がしまわれているからこそできることだ。

そして、こういった「いきいきした部分」が、②大きな謎であり、栗木たちの探究の対象になっているわけである。色に関する信号は、謎の多い初期視覚野の後で、整理され、カテゴライズされていく。

栗木は「色のカテゴリー」の研究にも関心を寄せており、２０１７年に発表した論文は大いに話題になった。プレスリリースには「最近30年で、水色が「青」から分離した」「日本語で長く混用されてきた「青」と「緑」について、平安時代からの混用のⓑケイイを説明した」とある。この数年の間にテレビやネットで何度も紹介されたからご存知の方もいるかもしれない。

あらためて語ってもらおう。

「ヒトの目が見分けることができる色の違いは、数十万色と言われています。これはあくまで弁別できるという意味です。でも、日常的な言葉で表わされる色の名前は、せいぜい数十くらいまでですよね。色名でまとめられるような似た色のグループのことを「色カテゴリー」と言いまして、私たちは、それに対して「言葉」をあてはめて色の見え方を表現しています。さきほどは初期視覚野の側から色覚を理解しようとする研究でしたが、こちらはもっと情報が整理された高次の側の話です。両側から攻めることで、ヒトが色を感じるメカニズムの解明に近づこうとしているわけです」

色カテゴリーというのは、その言葉の通り、無数に区別できる様々な色を大ざっぱにまとめたものだ。「赤系と青系」のようなとてもざっくりした言い方も色カテゴリーだし、青系をさらに細かく「紫色」「青色」「水色」というふうに分けるのもまた色カテゴリーだ。

こういったカテゴライズは、色が弁別できて、さらに色の見えが確立したからこそ可能になるわけだから、色をめぐる脳内の信号処理でも最終段階に近いと考えられる。網膜から来た信号が脳の中で最初にどう処理されるのかというのが「入口」の議論だとしたら、こちらは「出口」に近い議論だ。両方を調べることで「間」に迫るというのが栗木の③戦略だ。

さて、栗木が調べたのは、まず、ぼくたち（日本語を母語とする人々）がどんな色カテゴリーを持っているのかということだった。

「実験に参加してもらったのは大学生を中心とした57名です。国際的に色名や色カテゴリーの研究で使われている色表330枚を1枚ずつ参加者に見てもらい、その色名を言ってもらいました。その際に、約束として、「薄い」「明るい」などのⓒシュウショク語、「赤紫」「黄緑」のような複合語を使わないで、単一の色名を回答してもらうことにしました。その結果、参加者が用いた色名数は平均17・7でした。最小は11、最大で52です」

国際的な基本色の研究では、ほとんどの言語の話者が識別しているものとして11の色のカテゴリー（赤、緑、青、黄、紫、橙、ピンク、茶、白、黒、灰）が同定されている。では、日本語話者の色カテゴリーには、どんなものがあったのだろうか。

「国際的な基本色の11のカテゴリーに加えて、8つの色カテゴリー（水、肌、クリーム、抹茶、黄土、エンジ、紺、山吹）が導かれました。つまり、あわせて19のカテゴリーですね。この時、ひとつ気をつけていただきたいのは、実験では参加者に色名を答えてもらって調べざるをえないんですが、④解析の時点では色名はいったん外してどんな色のグループがひとかたまりのものとして認識されているかを見ています。これは、色名そのものを解析に使うと、例えば、明るい青の色票のセットを

「水色」「空色」というふうに違う色名で呼ぶ人がいて、それらが別のものと見なされてしまうからです。8つの色カテゴリーも、今、色名で示しましたが、それはそのカテゴリーで一番よく使われたものです」

たしかに、ピンクのかわりに桃と言った人もいるだろうし、紺のかわりに藍と言った人もいるかもしれない。しかし、栗木の研究は「基本的な色名」を知ろうとするのではなく、あくまでぼくたちの頭の中にある色カテゴリーそのものをあぶり出そうとするものだ。それでも人に伝える時には結局「色名」を使うことになるわけで、研究上もまずは色名を聞き、そこから色カテゴリーに迫っている。本当に色の体験は主観的なものだから、こういう複雑なことがたえず起きる。

さて、世界標準である11のカテゴリーに加えて、8つのカテゴリーが示されたわけだが、そのうち特記すべきものが「水色」だ。

「8つのカテゴリーのうち「水色」は、参加者のうち98%、つまりほとんどが使用していました。ほかの7つは、「肌色」が84%、「黄土色」が63%、「紺色」が37%といったふうに、ほぼ全員が使った「水色」に比べて低い割合です。実は、30年前に、私の大学院時代の先生である内川恵二教授（現在、東京工業大学ⓓメイヨ教授）らが同じような研究を行っていて、それによると、ある参加者が「水色」と呼んだ色票のうち平均77%が、他の参加者により「青」と呼ばれていました。つまり、青／水色カテゴリーの分離が不完全だったんです。でも、今回の私たちの研究では、参加者間での水色カテゴリーの一致度と、青／水色カテゴリーの分離度が、いずれも以前の研究より高いことを統計的に示すことができました。そこで「水色」は日本語の12番目の基本色であると言っていいのではないか、というふうに考えています」

ここ30年のうちに、「水色」が日本語の基本色に加わった！　これは、なかなかキャッチーだし、実はその30年よりもずっと長く日本語を話して生きてきた自分自身の生活体験に照らし合わせても、たしかに水色というのは、昔は今よりもっと曖昧だった気がする。

と同時に、⑤言語と色、という問題がくっきりと浮かび上がって感じられる。

まず、こういった研究では、使う言語によって、基本色名どころか、色名以前の色カテゴリーの数や境界が違うのかもしれないということが含意されており、実際にその通りだということ自体驚くべきことだ。

また、同じ言語でも、時代によって、つまり、社会的・文化的な背景が変わることによって、基本色が新たに加わることがあるというのには、さらに⑥びっくりさせられる。本書で常に気にしている、色覚の多様性の観点からは、「ここにも多様性をⓔシサする要素があった」ということだ。

それを言うなら、論文で示されている57人の中での色の境界の揺れ具合もやはり興味深い。誰もが「基本色」を共有しているとしても、その境界はまちまちなのである。

人によって色の見えが違うこと（例えば、ユニーク色が違うこと）と関係があるのかもしれないし、もっと高次の部分でカテゴリー分けする時点で起きる違いなのかもしれない。あるいは、そういったすべてがかかわることなのかもしれない。

（川端裕人『「色のふしぎ」と不思議な社会』による。ただし見出しと注番号を省略した）

※初期視覚野……眼の網膜上の錐体という細胞が光を受けとめた際に発する信号が入力される後頭部の領域のこと
※栗木……人の脳内での視覚処理について研究している栗木一郎氏のこと

1

問一　二重傍線部ⓐ〜ⓔの漢字と同じ漢字を含むものを、次の各項の中からそれぞれ選び、その番号をマークせよ。
ⓐ　1　ゾウセン所　2　フィルムをゲンゾウする

3　ゾウスイを食べる　4　ナイゾウのバッテリー

2　ⓑ
1　ソンケイできる先輩　2　暴風ケイホウが発令される
3　ケイジョウ利益を報告する　4　ケイハツ的な論文

3　ⓒ
1　暴飲ボウショク　2　フンショク決算
3　骨髄イショク　4　ショクサン興業

4　ⓓ
1　執行ユウヨ　2　キヨ褒貶《ほうへん》
3　生殺ヨダツ　4　ジョウヨ価値

5　ⓔ
1　キョウサ扇動の罪　2　サモン会議を開く
3　特殊サギの手口　4　経済フウサ

問二　傍線部①が指すものとして、最も適切なものを次の中から選び、その番号をマークせよ。6

1　森や新緑の緑から与えられる感覚と、網膜が出す生の物理信号の間
2　高次のレベルの色カテゴリーと、分類されていない様々な色との間
3　後頭部に存在する初期視覚野と、網膜上の錐体が発する信号との間
4　網膜上の錐体の光に対する反応と、色を整理する記号的表現との間

問三　空欄　7　に入る言葉として、最も適切なものを次の中から選び、その番号をマークせよ。

7
1　想像力　2　影響力
3　創作力　4　洞察力

問四　傍線部②が「謎」である理由として、最も適切なものを次の中から選び、その番号をマークせよ。 8
1　人間の感覚は体全体で受けとめるもので、網膜や初期視覚野についての部分的な計測では理解しようがないから
2　ヒトの目が見分けられる色の違いは数十万色もあり、人間が言葉を使って表せる色の数に比べると多すぎるから
3　色に関する信号が色そのものではないのに、ヒトにいきいきとした色を感じさせるのは矛盾しているから
4　錐体や色カテゴリーについての実験はできるが、それだけでは色彩にかかわる感覚を説明できないから

問五　傍線部③についての説明として、最も適切なものを次の中から選び、その番号をマークせよ。 9
1　網膜に当たった色が弁別される「入口」についての研究と、色がカテゴライズされて分類される「出口」についての研究を並行して進めようということ
2　錐体の働きという入力の部分と、日常的な言葉による色カテゴリーという出力の部分とを研究してその間で起こっていることを明らかにしようということ
3　日本語を母語としている人々がどのような色カテゴリーを持つかを調べ、国際的な色カテゴリーと比較することでその間の違いから色について知ろうということ
4　「いきいきした色の見え方の感覚」で満たされているわれわれの日常と、色をめぐる脳内の最終段階との間で何が起

こっているかを示そうということ

問六　傍線部④の理由として、最も適切なものを次の中から選び、その番号をマークせよ。 10
1　色に関する言葉はあまりにも多くまた使い方の個人差も大きいので、実験結果のぶれを少なくするため
2　「赤」と「red」のように色名は言語によって異なっているので、言語ごとの違いが影響しないようにするため
3　色名は主観的なものであり人によっては自分独自の色名を作っていたりするので、頼りにはできないため
4　色カテゴリーをあぶり出そうとする研究本来の目的からすると、色名自体が不純物になってしまうため

問七　傍線部⑤についての説明として、最も適切なものを次の中から選び、その番号をマークせよ。 11
1　色名を表す言語の多様性は色カテゴリーの研究にとっては邪魔なものであり色それ自体には迫りにくいという問題
2　色カテゴリーは一人一人の人間の言語感覚に左右されるため社会・文化が変わると全く異なってしまうという問題
3　使う言語によって基本色名や色カテゴリーの数が違うのであれば色についての研究自体が成立しないという問題
4　「水色」についての例のように色カテゴリーのあり方や変化は使う言語によって決定されてしまうという問題

問八　傍線部⑥のような反応の前提となる考え方として、最も適切なものを次の中から選び、その番号をマークせよ。 12
1　使う言語が異なると基本色名や色名以前の色カテゴリーの数や境界が違いさらに基本色が増えることもある
2　人間の色覚には多様性があるので同じものを見ていたとしても同じように色を感じ取っているとは限らない
3　色は光を受けた網膜の反応を脳が処理して生じる生理的なもので社会や文化の違いで基本色が増えることは無い

4　色の感覚は社会の中で生活しながら学んで身につけていくものなので一度獲得したら最後まで変化することは無い

13

問九　本文の主旨の説明として、最も適切なものを次の中から選び、その番号をマークせよ。
1　人間が風景等を見て得る感覚について明らかにするために、網膜から脳に到る光についての情報処理と脳が受けた情報が言語によって分類される有り様の両方を調べている研究者がおり、既成概念とは異なる結果が報告されている
2　初期視覚野についてはあまりにもわからないことが多いため、日本語を母語とする人々を被験者とする聴き取り調査を行ったところ、結果として19の色カテゴリーが導かれ日本語話者が色に敏感であるということが明らかになった
3　自然の中で感じるいきいきとした感覚を言葉で伝えるのは困難であり、だからこそ日本語では国際的な色カテゴリーよりも多い色カテゴリーが発達しているのだが、その理由は網膜と初期視覚野の間を調べることで明らかになった
4　人間共通で行われている色のカテゴライズの過程を明らかにするために、光が目から入って網膜で受けとめられ信号として初期視覚野に到る過程を研究したところ、次々に困難な壁につきあたり特に新しい発見と言えることはない

〔二〕　次の文章を読んで、後の問いに答えよ。解答番号は〔二〕の［1］から［8］までとする。

※百三十年あまりのあとかとよ、筑前の国、㋐宰府の天神の※飛梅、天火にやけて、ふたたび花さかず。こはそも①浅ましき事なりと、人皆涙をながし、②知るも知らぬもあつまり、おもひおもひの短冊をつけ参らする中に㋑権狡坊とて、㋒勇猛精進なる老僧の、よめる歌こそ殊勝［3］。

　天をさへかけりし梅の根につかば③土よりもなど花のひらけぬ

短冊を木の枝に結びて足をひかれければ、すなはち緑の色めきわたり、花咲く春にかへりし事よ。人々感に堪へて、㋓かの沙門を、④神とも仏とも手を合はせし。

　⑤山の端にさそはばいらんわれもただ憂き世の空に秋の夜の月

解脱上人の世に随《したが》へば望みあるににたり。俗にそむけば、狂人のごとし。⑥あなうの世の中や。一身いづれのところにか、かくさんとかかれしを、右の歌に引き合はせて、⑦衣の袖をしぼりにき。

（『醒睡笑』による）

※百三十年あまりのあと……菅原道真が没してからおよそ百三十年後
※飛梅……菅原道真が九州の太宰府に流されたとき、道真を慕って太宰府まで飛んでいったとされる京の安楽寺の庭の梅

問一　傍線部①の意味として、最も適切なものを次の中から選び、その番号をマークせよ。［1］
1　悲しい　2　驚くべき
3　欲深い　4　卑怯な

問二　傍線部②の意味として、最も適切なものを次の中から選び、その番号をマークせよ。［2］
1　菅原道真を知る人も知らぬ人も
2　思い思いに
3　有名な人も無名な人も
4　三々五々

問三　空欄［3］に入るものとして、最も適切なものを次の中から選び、その番号をマークせよ。［3］
1　なり　2　なる　3　なれ　4　ならぬ

問四　傍線部③の現代語訳として、最も適切なものを次の中から選び、その番号をマークせよ。［4］
1　空からきた花の方が、地面から出てくる花よりも咲いているのはなぜなのか

2　なぜ花を咲かせる土のことよりも、花が咲くかどうかを気にかけるのか
3　土から得られる養分などがなくても、花が咲くことがあるものだ
4　土が理由というのではなく、花が咲かない他の理由があるはずだ

問五　波線部㋐～㋓のうち、傍線部④にある「神とも仏とも手を合はせ」られたのではないものを次の中から一つ選び、その番号をマークせよ。 5
1　㋐　宰府の天神
2　㋑　権狡坊
3　㋒　勇猛精進なる老僧
4　㋓　かの沙門

問六　傍線部⑤の現代語訳として、適切なものを次の中から選び、その番号をマークせよ。 6
1　山のふもとにあなたを誘えば、一緒に来てくれるだろうか
2　山の端にくるように誘われても、私には不要な誘いなので断る
3　山に登るように誘われたので、私もすぐに入山するだろう
4　山の稜線に沈んでいく夕陽のように、私もまた誘われれば、すぐに隠れるだろう

問七　傍線部⑥の現代語訳として、最も適切なものを次の中から選び、その番号をマークせよ。

7
1　世の中がまるで暗い穴ぐらのようだと感じる
2　ああ、いやな世の中だなあ
3　なんとうるわしい世の中だろう
4　あやうい世の中であることよ

問八　傍線部⑦の意味として、最も適切なものを次の中から選び、その番号をマークせよ。8
1　涙に濡れた袖をしぼった
2　袖をしぼって心を引き締めた
3　衣の袖に束縛感を覚えた
4　袖をまくって勇気をふりしぼった

〔三〕　次の文章を読んで、後の問いに答えよ。解答番号は〔三〕の 1 から 8 までとする。

東京で暮らしているときに驚いたことのひとつは、軍機の音が聞こえないということだった。線路沿いで暮らしていたので深夜まで電車の音は聞こえたけれど、それでも部屋が震えることもなく、テレビの電波が乱れることもなく、隣にいるひとの声が聞こえなくなることもなかった。

私が沖縄出身だと話すと、沖縄っていいところですね、アムロちゃんって可愛いよね、沖縄大好きですなどと仲良くしてくれるひとは多かったが、ああ、こんなところで暮らしているひとに、軍隊と隣り合わせで暮らす沖縄の日々の苛立ちを伝えるのは難しいと思い、私は黙り込むようになった。

だからといって、沖縄の基地問題に関心があると話すひとたちを前にして、私が黙り込まなかったわけではない。私の通った大学院は、社会的な運動に関わることが奨励されるような文化を持っており、沖縄の基地問題もまたときどき話題になった。

一九九五年に沖縄で、女の子が米兵に強姦された事件のときもそうだった。基地に隣接する街で、買い物にでかけた小学生が四人の米兵に拉致されたこと、あまりにも幼いという理由で一人の米兵は強姦に加わらなかったものの、残りの三人は浜辺でその子を強姦したこと、沖縄では八万五〇〇〇人のひとびとが集まる抗議集会が開かれたこと。東京でも連日のように、この事件は報道された。

東京の報道はひどかった。ワイドショーでは、被害にあった女の子の家が探し出され、その子の家も映された。その映像をみれば、私が暮らしていた狭い島では、被害にあったのがだれなのかがはっきりわかる。

被害にあったのはこの子だけじゃない。手のひらに、草を握りしめたまま強姦されて殺された女の子の母親は、腐敗した娘の服さえ捨てられなかったと聞いている。

あの子は最期に何をみたのだろう？　娘の手のひらをひろげて草をとりだした母親は、いまどうしているのだろう？

抗議集会が終わったころ、指導教員のひとりだった大学教員に、「すごいね、沖縄。抗議集会に行けばよかった」と話しかけられた。「行けばよかった」という言葉の意味がわからず、「行けばよかった？」と、私は彼に問いかえした。彼は、「いやあ、ちょっとすごいよね、八万五〇〇〇は。怒りのパワーを感じにその会場にいたかった」と答えた。①私はびっくりして黙り込んだ。

そのころ東京と沖縄の航空チケットは往復で六万円近くかかり、私にとって沖縄は、「行けばよかった」と言える場所ではなかった。でも私が黙りこんだのは、沖縄に気軽に行ける彼の財力ではなく、その言葉に強い怒りを感じたからだ。あの子の身体の温かさと沖縄の過去の事件を重ね合わせながら、引き裂かれるような思いでいる沖縄のひとびとの沈黙と、たったいま私が聞いた言葉はなんと遠く離れているのだろう。

それから折に触れて、あのとき私はなんと言えばよかったのかと考えた。私が言うべきだった言葉は、ならば、あなたの暮らす東京で抗議集会をやれ、である。沖縄に基地を押しつけているのは誰なのか。三人の米兵に強姦された女の子に詫びなくてはならない加害者のひとりは誰なのか。

沖縄の怒りに［　2　］、自分の生活圏を見返すことなく言葉を発すること自体が、日本と沖縄の関係を表していると私は彼に言うべきだった。言わなかったから、②その言葉は私のなかに沈んだ。その言葉は、いまも私のなかに残っている。

*

それから私は仕事を得て、沖縄に帰ることになった。③暮らす場所は、普天間《ふてんま》基地に隣接している地域にしなくてはならないと思った。

東京で接したひとたち――沖縄は良いところだと一方的に称賛するひとたち、沖縄の基地問題に関心を示しながら基地を押し付けたことを問わずに過ごすひとたちのなかで暮らしてきて、沖縄の厳しい状況のひとつに身を置いて生活しないといけないと、私はあのとき頑《かたく》なにそう考えていたのだと思う。

それでも沖縄で暮らすようになってからは、④沖縄で基地と暮らすひとびとの語らなさのほうが目についた。

二〇一二年から沖縄の若い女性たちの調査をはじめたけれど、調査で出会った女性たちもまた、隣接する基地や米兵について語らない。

この前、話を聞いた女性は、二〇一六年にウォーキング途中に元米兵に強姦されて殺された、二〇歳の女性のアパートの近所に住んでいた。

長いインタビューの最後になって、「外人に殺された子は、私が毎日歩いていたウォーキングの道で拉致された」と彼女は言った。それから、「私はその日、体調が悪くて、たまたまウォーキングを休んでいた。事件のあとは怖くてあの道は歩いていない。あのコンビニにも行ってない」と彼女は言った。

殺された女性と同じアパートに住んでいた女性も、同じようなことを話していた。あの子がいなくなったあと、なんども警察が家にやってきた。事件を知ったあとで、こんな怖い場所で暮らすのは嫌だと思い、アパートを引き払って実家に帰ったと彼女は言った。

殺された女性のことや基地への苛立ちは、最後まで語られなかった。語られたのは、事件を怖いと思ったこと、だから自分で自衛したという話だ。

＊

結婚してからは、首里《しゅり》という城下町にある夫の住まいに引っ越した。ひょいと歩けば家の近くに龍潭池《りゅうたんいけ》があって、そこからは朱色の首里城が赤々と見える。美しいのは宵のころで、月を携えた紅い城は、何度焼失してもよみがえった孤高の美しさを持っている。夜の散歩道、池のほとりに立ち尽くしたまま、何度もそれにみとれてきた。

それでも、そのまま首里に居続けることで、沖縄がどういう場所なのかわからなくなるような気持ちになり、夫といろいろ話し合って、結局、私たちは普天間基地近くの爆音の街に暮らしている。

いまの家に引っ越してきたのは四月で、ちょうどそのころ、私の家の周りでは、ホタルの軌道が青く光る。庭先で食事をとっている近所のひとに、「本当に飛行機の爆音がすごいですね」と声をかけると、そのひとは「うるさいですよね」と柔らかく受け止めたあと、「私たちが引っ越してきたときにも、ホタルの群生がすごかったんですよ。なにか、祝福のようなものをうけたようでした」と話題を変えた。

近所の小学生と立ち話をしているとき、私たちのちょうど真上をパイロットの顔が見えるほどの近さで軍機が飛んだ。軍機が飛び去ったあと、「びっくりした！　うるさいね！」と私が怒ると、「うるさくない！」とその小学生は大きな声で即答した。その子の父親が基地で働いていることを、あとになって私は知った。

近所に住む人たちは、みんな優しくて親切だ。でも、ここでは、爆音のことを話してはいけないらしい。切実な話題は、切実すぎて口にすることができなくなる。

子どもができてからは、普天間での暮らしを選んだことを後悔した。

言葉を話せるようになると娘は、すぐに、「飛行機」や「オスプレイ」と口にした。外来機が飛来する時期になると、娘は絶えず抱っこをせがむ。

ときどき、墜落したかと思うような爆音があって、「こわい！」と叫ぶ娘を抱きしめる。「ざまーみろ」と、どこかで笑う誰かの言葉を勝手に思う。私もやっぱり黙り込む。


生活者たちは、沈黙している。かれらに沖縄や米軍がどう見えているのか、かれらがどんなときに黙り込むのか、私はそれをつぶさに知るわけではない。

近親者に性暴力を受けていたという女性の話を聞いたあとの帰り道で、「みんなで辺野古に行こう」という、新基地建設阻止の座り込みを呼びかける立て看板をみた。長時間におよぶ聞きとりにくたびれはてた私はその日、ジミーという基地由来のお菓子屋さんに立ち寄って、チョコレートのスポンジにココナッツクリームがたっぷりのったジャーマンケーキを買い求めて家に帰った。甘い甘いケーキは、基地の隣で育った私の子ども時代の味である。私のなじみとなった食べものにも、基地と共存させられてきた時間は刻印されている。

ケーキを食べながら考える。今日、私が話を聞かせてもらった女性は、隣接している基地や沖縄について語らなかった。⑤彼女にとって、辺野古はまだはるか彼方にある。だから、爆音の空の下に暮らしながら、辺野古に通いながら、沈黙させられているひとの話を聞かなくてはならないと、私はそう思っている。

＊

私の家の上空では、今日もオスプレイやジェット機が飛んでいる。接近する飛行機の騒音は九〇デシベル以上になるという。九〇デシベルは、隣に座るひととの会話が通じない、騒々しい工場内と同じ音だ。私はここで小さな女の子を育てている。

秋田のひとの反対でイージス・アショアの計画は止まり、東京のひとたちは秋田のひとに頭を下げた。ここから辺野古に基地を移すと東京にいるひとたちは話している。沖縄のひとたちが、何度やめてと頼んでも、青い海に今日も土砂がいれられる。これが⑥差別でなくてなんだろう？　差別をやめる責任は、差別される側ではなく差別する側のほうにある。

二〇一八年末にはじまった土砂投入は、一九年末までの一年で工程表の一パーセントを終えたらしい。普天間基地を閉鎖するという名目でなされる、じりじりと沈む大地に杭を打つ辺野古基地の完成には、これから一〇〇年かかるというわけだ。

そして私は目を閉じる。それから、土砂が投入される前の、生き生きと生き物が宿るこっくりとした、あの青の海のことを考える。

ここは海だ。青い海だ。珊瑚礁のなかで、色とりどりの魚やカメが行き交う交差点、ひょっとしたらまだどこかに人魚も潜《ひそ》んでいる。

私は静かな部屋でこれを読んでいるあなたにあげる。私は電車でこれを読んでいるあなたにあげる。私は川のほとりでこれを読んでいるあなたにあげる。

この海をひとりで抱えることはもうできない。だからあなたに、海をあげる。


（上間陽子『海をあげる』による）

問一　傍線部①の理由として、最も適切なものを次の中から選び、その番号をマークせよ。　1
1　行く気もないのに社交辞令だけで行きたかったと言う日和見主義に腹が立ったから
2　買えるはずのない金額のチケットを買えるかのように振る舞う相手にあきれたから
3　安全なところから、抗議集会をまるで楽しむかのような態度に不意を突かれたから
4　東京で抗議集会をひらく義務を怠っていることを指摘したくてもできなかったから

問二　空欄　2　に入る言葉として、最も適切なものを次の中から選び、その番号をマークせよ。　2
1　騙され　2　癒され　3　誤魔化され　4　見透かされ

問三　傍線部②の説明として、あてはまらないものを次の中から一つ選び、その番号をマークせよ。　3
1　沖縄の抗議集会に口先だけで便乗するのではなく自らが行動を起こすべきである
2　自分の生活圏を見直すこともせず、安易に沖縄を称揚する発言にこそ問題がある
3　女の子が強姦された事件の責任は、沖縄に基地を押しつけている日本全体にある
4　沖縄が本土に復帰した現在、欠点を見ずに美点だけを称賛するのは間違っている

問四　傍線部③のように思った理由として、最も適切なものを次の中から選び、その番号をマークせよ。　4
1　基地のある街の住人に聞き取り調査を行わないことは、社会学者として損だと考えたから
2　軍機の音が聞こえない東京に暮らした後で、普天間基地の爆音がふと恋しく思えたから

3　沖縄の美点ばかり称賛し、基地の抱える問題を直視しないことの危うさを思い知ったから
4　辺野古の埋め立てに反対するためには普天間基地について知る必要があると思ったから

問五　傍線部④の例として、最も適切なものを次の中から選び、その番号をマークせよ。 5
1　元米兵に殺された女性と同じアパートに住んでいた女性はその日ウォーキングを休んでいたことしか語らなかった
2　四月にいまの家に引っ越したときは、ホタルの群生に祝福を受けるばかりで、軍機の音については語らなかった
3　父親が基地で働く子どもは軍機の音がうるさいとは言わず、爆音について無理に語れば無言の非難を受けてしまう
4　爆音に怯《おび》える娘を抱きしめるとき、嘲笑されているようにも感じ、住民たちと同様に「私」も黙り込んでしまう

問六　傍線部⑤の説明として、最も適切なものを次の中から選び、その番号をマークせよ。 6
1　自分の受けた性暴力で手いっぱいで基地の問題に思いを致すことができない
2　辺野古の前にまずは普天間について考えねばならないが、それすらも難しい
3　首里城のそばに暮らす彼女にとって、辺野古までは遠く、なかなか行けない
4　自分の問題を沖縄の抱える問題全体に敷衍できないところが近視眼的である

問七　傍線部⑥の説明として、最も適切なものを次の中から選び、その番号をマークせよ。 7
1　秋田のひとの反対でイージス・アショアの計画は止まったのに、沖縄のひとがいくら頼んでも辺野古の埋め立てが中止されないのは差別だ

2　沖縄への差別発言が止まないのは東京のひとたちの意識が変わらないからであり、中央の発するメッセージはいつの時代でも無視できない
3　東京でなら補償も受けられる九〇デシベルもの騒音に囲まれた環境を、日常生活の場として沖縄に押しつけているのは差別にほかならない
4　本州にある秋田とは違い、交通費が払えないほど遠い沖縄には基地やイージス・アショアを押しつけても不都合がないと考えるのは差別だ

8

問八　本文の内容と合致するものとして、最も適切なものを次の中から選び、その番号をマークせよ。
1　沖縄出身の「私」は米軍基地の問題を知ってもらうために東京へ来たが、沖縄の美しさばかりを語るひとびとを前に沈黙するようになった
2　米兵による強姦事件が起きたとき、被害者に思いを馳せていた「私」は、抗議集会の規模に興奮するばかりの指導教員に怒りと反発を覚えた
3　軍機がうるさいことを否定する子どもは、基地で働く父親を誇りに思い、かつ基地がなくなると生活に困ることを理解しており、頭がよい
4　美しい辺野古の海が失われていくのはもうどうしようもないことで、「私」は無力感とともに、その海を明け渡すことに渋々同意している

二月十三日実施分

解　答

一

出典　川端裕人『「色のふしぎ」と不思議な社会　2020年代の「色覚」原論』〈第2部　21世紀の色覚のサイエンス　第4章　目に入った光が色になるまで〉（筑摩書房）

解答

問一　ⓐ―3　ⓑ―3　ⓒ―2　ⓓ―2　ⓔ―1
問二　4
問三　1
問四　4
問五　2
問六　1
問七　4
問八　3
問九　1

◀解　説▶

問二　栗木は「いきいきした色の見え方の感覚はどこからくるのか」を知りたいと考えている。「その間」の「その」は傍線部①の前の部分に説明されているとおり、「網膜上の錐体の応答」（＝「生の物理信号に近いもの」）から、「高次のレベル」である「色のカテゴリーが関係するような記号的な表現になって情報を整理する段階」の間である。
問三　森の中を歩くときを例に、いきいきした視覚的な体験を述べる中で、言葉による視覚表現が伝わる場合について挿入的に説明されている部分である。短い文字列で読み手の何のスイッチを押すと、人に視覚的な表現が伝わるかを考える。消去法で選択肢を絞り込むとよい。
問四　各々の選択肢を吟味しながら、本文での記述の有無や相異点について検討していく。もっともらしいが本文には述べられていない内容の選択肢に注意。1、本文に記述なし。2、選択肢後半について本文に記述なし。3、本文中では選択肢にあるような「矛盾」に一切言及していない。4、錐体の話から始まり、次いで色カテゴリーの実験へと展開するも、「いきいきした部分」は解決されないとする本文の内容に合致。
問五　傍線部③が含まれる一文における「両方」は、直前の一文の「入口」と「出口」のこと。網膜から来た信号を処理する段階が入口、色を弁別してカテゴライズするという脳内の信号処理が出口に近い段階。1、色の弁別は出口の段階なので、入口としている点が誤り。2、色の処理に関しては「網膜上の錐体の応答から始まって」という記述が傍線部①の段落にある。3、出口の話しかしていない。4、入口の説明がない。
問六　傍線部④の直後の一文に理由が述べてある。明るい青の色票のセットについての色名が、人により異なるという具体例をよく理解すること。
問七　傍線部⑤の次の段落に「使う言語によって、基本色名どころか、色名以前の色カテゴリーの数や境界が違うのかもしれない」とあることに留意。紛らわしいのは3だが、「研究自体が成立しない」が誤り。実際、本文は色について研究している栗木一郎氏の話である。
問八　「同じ言語でも、時代によって、つまり、社会的・文化的な背景が変わることによって、基本色が新たに加わることがある」ことにびっくりしているのである。ということは、社会的・文化的な背景が変わっても基本色は変わらない、増えないと考えていたということである。
問九　選択肢内の各要素の関係性に注目。部分的に本文に述べられていることでも、結びつき方が違えば不適切な選択肢となる。2、初期視覚野についてはわからないことが多いから聴き取り調査を行った、とする因果関係が誤り。3、

「だからこそ」以降は本文内容とは異なる。4、初期視覚野について、冒頭に「栗木が深い関心を抱いている」とあるが、本文の範囲内には研究の成果についての紹介がないため、困難や発見についても不明である。

二

出典　安楽庵策伝『醒睡笑』〈巻之三〉

解答

問一　2
問二　1
問三　3
問四　4
問五　1
問六　4
問七　2
問八　1

▲解　説▼

問二　「知るも知らぬも」は知っている者（こと）も知らない者（こと）も、という意味。「ぬ」は打消の助動詞。ここでは、落雷のため菅原道真ゆかりの梅が花をつけなくなったことを悲しんだ人々が、道真を知っている者も知らない者も集まって、という文脈である。
問三　直前に係助詞「こそ」があるので、係り結びの法則により文末は已然形。「殊勝なり」という形容動詞の語尾を已然形に活用させればよい。
問四　「など」で反語となる。「の」は格助詞で主格の意、文末「ぬ」は完了の助動詞ではなく、打消の助動詞「ず」の連体形。口語訳がやや難しい箇所なので、以上の文法事項を手掛かりにして、消去法で検討するとよい。
問五　人々が感動して手を合わせ拝んだのは、和歌を詠んで見事に花を咲かせた「かの沙門（＝権狡坊）」である。
問六　「さそはば」は四段活用動詞「誘ふ」の未然形に接続助詞「ば」が接続しているため、順接仮定条件。「いらん」は四段活用動詞「入る」の未然形に意志の助動詞「む」が接続した形。〝（山の端に）誘うならば入るだろう〟が直訳となる。風景に自分の心情を仮託した和歌であることに留意。
問七　「う」は形容詞「憂し」の語幹。「あなう」で〝ああつらい〟となる。
問八　「袖を絞る」は〝涙で濡れた袖を絞る〟ことから、ひどく泣くさまを表す慣用表現。

三

出典　上間陽子『海をあげる』〈海をあげる〉（筑摩書房）

解答

問一　3
問二　2
問三　4
問四　3
問五　4
問六　1
問七　1
問八　2

▲解　説▼

問一　傍線部①の次段落に、筆者が黙り込んだのは「怒り」ゆえだと書いてある。筆者は「引き裂かれるような思いでいる沖縄のひとびとの沈黙と、たったいま私が聞いた言葉はなんと遠く離れているのだろう」と、問題に直面する沖縄の人々の思いに比べ、指導教員の、まるで楽しいイベントの話をするような発言に怒っているのである。続く二つの段落の「ならば、あなたの暮らす東京で抗議集会をやれ」「自分の生活圏を見返すことなく言葉を発すること自体が、日本と沖縄の関係を表している」との記述からも考える。
問二　やや難しい問題だが、傍線部①の前文の「(沖縄の)怒りのパワーを感じにその会場にいたかった」という指導教員の言葉を、筆者がどう受け止めたかという視点で考える。「パワーを感じに」という表現に特に注目。消去法で絞り込むとよい。
問三　傍線部①と②の間の記述に注目。1は「あなたの暮らす東京で抗議集会をやれ」、2は「自分の生活圏を見返すことなく言葉を発すること自体」、3は「沖縄に基地を押しつけているのは誰なのか。三人の米兵に強姦された女の子に詫びなくてはならない加害者のひとりは誰なのか」という筆者の思いが各々あてはまる。4は第二段落で書かれている内容に近いが、傍線部②が指しているのは、指導教員とのやりとりの中で言わなかった言葉であるため、不適。
問四　傍線部③の次段落にその理由が書いてある。筆者は指導教員をはじめとする「東京で接したひとたち」、すなわち「沖縄の基地問題に関心を示しながら基地を押し付けたことを問わずに過ごすひとたち」と暮らす中で、「沖縄の厳しい状況のひとつに身を置いて生活しないといけない」と考えていたと述べている。
問五　本文と照らし合わせながら、一つずつ選択肢を検討する。1、傍線部④の後の三つの段落参照。女性は事件を怖いと思い、自衛したということは語っている。「同じアパートに住んでいた」のでもない。2、傍線部④の八つ後の段落で、軍機の音について、筆者は「すごいですね」と声をかけ、近所の人も「うるさいですよね」と受け止めてはいるので、まったく語らなかったわけではない。3、「無言の非難を受けてしまう」とは本文に書かれていない。4、本文の「ときどき、墜落したかと思うような……私もやっぱり黙り込む」(傍線部④の十三段落後)との記述と合致。
問六　傍線部⑤に「辺野古はまだはるか彼方にある」とあるが直前の一文に「隣接している基地や沖縄」とあるので、女性が基地や沖縄について語らなかったのは距離の問題ではない。自らの問題に手一杯で、そこまで考えられないということである。やや紛らわしいのは4だが、筆者は女性を批判したいわけでも、また女性が抱える問題を沖縄の問題とつなげて考えて欲しいわけでもないので不適。
問七　解答範囲は傍線部⑥を含む段落。中止されたイージス・アショアの計画と、止まらない辺野古への基地移転準備を挙げて、秋田の人たちと沖縄の人たちへの対応の違いを、筆者は「差別」と指摘しているのである。「青い海に今日も土砂がいれられる」のは、辺野古に基地を建設しているからである。
問八　1、「米軍基地の問題を知ってもらうために東京へ来た」が間違い。東京に来た理由を筆者は語っていない。2、第四段落～傍線部②の段落の内容と合致。3、「父親を誇りに思い」「頭がよい」など、その小学生の心情や筆者からの評価は述べられていない。4、本文最後の一文「海をあげる」は、選択肢にあるような「海を明け渡すこと」への同意では決してなく、沖縄の問題を当事者として体感し、受け止めて欲しいという筆者の心の叫びである。

いつも受験生のそばに─赤本

大学入試シリーズ+α
入試対策も共通テスト対策も赤本で

入試対策
赤本プラス
赤 PLUS+ 本

赤本プラスとは，**過去問演習の効果を最大にする**ためのシリーズです。「赤本」であぶり出された弱点を，赤本プラスで克服しましょう。

大学入試 すぐわかる**英文法** DL
大学入試 ひと目でわかる**英文読解**
大学入試 絶対できる**英語リスニング** DL
大学入試 すぐ書ける**自由英作文**
大学入試 ぐんぐん読める
英語長文〔BASIC〕 DL
大学入試 ぐんぐん読める
英語長文〔STANDARD〕 DL
大学入試 ぐんぐん読める
英語長文〔ADVANCED〕 DL
大学入試 正しく書ける**英作文**
大学入試 最短でマスターする
数学Ⅰ・Ⅱ・Ⅲ・A・B・C
大学入試 突破力を鍛える**最難関の数学**
大学入試 知らなきゃ解けない
古文常識・和歌
大学入試 ちゃんと身につく**物理**
大学入試 もっと身につく
物理問題集（①力学・波動）
大学入試 もっと身につく
物理問題集（②熱力学・電磁気・原子）

入試対策
英検®赤本シリーズ

英検®（実用英語技能検定）の対策書。
過去問集と参考書で万全の対策ができます。

▶過去問集（2024年度版）
英検®準1級過去問集 DL
英検®2級過去問集 DL
英検®準2級過去問集 DL
英検®3級過去問集 DL

▶参考書
竹岡の英検®準1級マスター DL
竹岡の英検®2級マスター CD DL
竹岡の英検®準2級マスター CD DL
竹岡の英検®3級マスター CD DL

CD リスニングCDつき　DL 音声無料配信
新 2024年新刊・改訂

入試対策
赤本プレミアム

赤本の教学社だからこそ作れた、
過去問ベストセレクション

東大数学プレミアム
東大現代文プレミアム
京大数学プレミアム〔改訂版〕
京大古典プレミアム

入試対策
赤本メディカルシリーズ

過去問を徹底的に研究し，独自の出題傾向をもつメディカル系の入試に役立つ内容を精選した実戦的なシリーズ。

〔国公立大〕医学部の英語〔3訂版〕
私立医大の英語〔長文読解編〕〔3訂版〕
私立医大の英語〔文法・語法編〕〔改訂版〕
医学部の実戦小論文〔3訂版〕
医歯薬系の英単語〔4訂版〕
医系小論文 最頻出論点20〔4訂版〕
医学部の面接〔4訂版〕

入試対策
体系シリーズ

国公立大二次・難関私大突破へ，自学自習に適したハイレベル問題集。

体系英語長文
体系英作文
体系現代文
体系世界史
体系物理〔第7版〕

入試対策
単行本

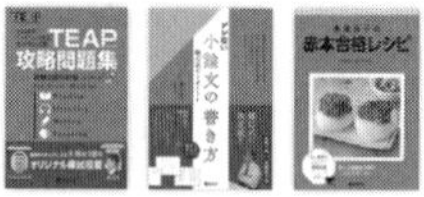

▶英語
Q&A即決英語勉強法
TEAP攻略問題集 CD
東大の英単語〔新装版〕
早慶上智の英単語〔改訂版〕

▶国語・小論文
著者に注目! 現代文問題集
ブレない小論文の書き方 樋口式ワークノート

▶レシピ集
奥薗壽子の赤本合格レシピ

入試対策　共通テスト対策
赤本手帳

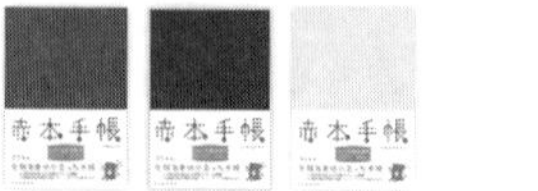

赤本手帳（2025年度受験用）プラムレッド
赤本手帳（2025年度受験用）インディゴブルー
赤本手帳（2025年度受験用）ナチュラルホワイト

入試対策
風呂で覚えるシリーズ

水をはじく特殊な紙を使用。いつでもどこでも読めるから，ちょっとした時間を有効に使える！

風呂で覚える英単語〔4訂新装版〕
風呂で覚える英熟語〔改訂新装版〕
風呂で覚える古文単語〔改訂新装版〕
風呂で覚える古文文法〔改訂新装版〕
風呂で覚える漢文〔改訂新装版〕
風呂で覚える日本史〔年代〕〔改訂新装版〕
風呂で覚える世界史〔年代〕〔改訂新装版〕
風呂で覚える倫理〔改訂版〕
風呂で覚える百人一首〔改訂版〕

共通テスト対策
満点のコツシリーズ

共通テストで満点を狙うための実戦的参考書。
重要度の増したリスニング対策は
「カリスマ講師」竹岡広信が一回読みにも
対応できるコツを伝授！

共通テスト英語〔リスニング〕
満点のコツ〔改訂版〕 新 DL
共通テスト古文 満点のコツ〔改訂版〕 新
共通テスト漢文 満点のコツ〔改訂版〕 新

入試対策　共通テスト対策
赤本ポケットシリーズ

▶共通テスト対策
共通テスト日本史〔文化史〕

▶系統別進路ガイド
デザイン系学科をめざすあなたへ

共通テスト対策関連書籍

共通テスト対策 も 赤本で

① 過去問演習

2025年版

共通テスト 赤本シリーズ

全12点

A5判／定価1,320円
（本体1,200円）

- 英国数には新課程対応オリジナル実戦模試 掲載！
- 公表された新課程試作問題はすべて掲載！
- くわしい対策講座で得点力UP
- 英語はリスニングを10回分掲載！赤本の音声サイトで本番さながらの対策！

- 英語 リーディング／リスニング DL
- 数学I, A／II, B, C
- 国語
- 歴史総合, 日本史探究
- 歴史総合, 世界史探究
- 地理総合, 地理探究
- 公共, 倫理
- 公共, 政治・経済
- 物理
- 化学
- 生物
- 物理基礎／化学基礎／生物基礎／地学基礎

DL 音声無料配信

② 自己分析

赤本ノートシリーズ

過去問演習の効果を最大化

▶共通テスト対策には

赤本ノート（共通テスト用）　赤本ルーズリーフ（共通テスト用）

共通テスト赤本シリーズ

新課程攻略問題集

全26点に対応!!

▶二次・私大対策には

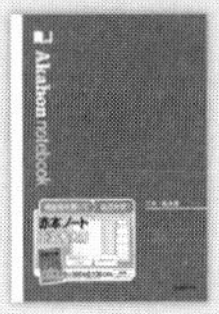

大学赤本シリーズ

全556点に対応!!

赤本ノート（二次・私大用）

③ 重点対策

共通テスト 赤本プラス

新課程攻略問題集

基礎固め＆苦手克服のための分野別対策問題集!!
厳選された問題でかしこく対策

- 英語リーディング
- 英語リスニング DL
- 数学I, A
- 数学II, B, C
- 国語（現代文）
- 国語（古文, 漢文）
- 歴史総合, 日本史探究
- 歴史総合, 世界史探究
- 地理総合, 地理探究
- 公共, 政治・経済
- 物理
- 化学
- 生物
- 情報I

DL 音声無料配信

全14点 好評発売中！

A5判／定価1,320円（本体1,200円）

手軽なサイズの実戦的参考書

目からウロコのコツが満載！

直前期にも！

満点のコツシリーズ

赤本ポケット

2025年版　大学赤本シリーズ

私立大学②

357 東邦大学（理・看護・健康科学部）
358 東洋大学（文・経済・経営・法・社会・国際・国際観光学部）
359 東洋大学（情報連携・福祉社会デザイン・健康スポーツ科・理工・総合情報・生命科・食環境科学部）
360 東洋大学（英語〈3日程×3カ年〉）
361 東洋大学（国語〈3日程×3カ年〉）
362 東洋大学（日本史・世界史〈2日程×3カ年〉）
363 東洋英和女学院大学
364 常磐大学・短期大学 総推
365 獨協大学
366 獨協医科大学（医学部） 医

な行（関東の大学）

367 二松学舎大学
368 日本大学（法学部）
369 日本大学（経済学部）
370 日本大学（商学部）
371 日本大学（文理学部〈文系〉）
372 日本大学（文理学部〈理系〉）
373 日本大学（芸術学部〈専門試験併用型〉）
374 日本大学（国際関係学部）
375 日本大学（危機管理・スポーツ科学部）
376 日本大学（理工学部）
377 日本大学（生産工・工学部）
378 日本大学（生物資源科学部）
379 日本大学（医学部） 医
380 日本大学（歯・松戸歯学部）
381 日本大学（薬学部）
382 日本大学（N全学統一方式－医・芸術〈専門試験併用型〉学部を除く）
383 日本医科大学 医
384 日本工業大学
385 日本歯科大学
386 日本社会事業大学 総推
387 日本獣医生命科学大学
388 日本女子大学
389 日本体育大学

は行（関東の大学）

390 白鷗大学（学業特待選抜・一般選抜）
391 フェリス女学院大学
392 文教大学
393 法政大学（法〈Ⅰ日程〉・文〈Ⅱ日程〉・経営〈Ⅱ日程〉学部－A方式）
394 法政大学（法〈Ⅱ日程〉・国際文化・キャリアデザイン学部－A方式）
395 法政大学（文〈Ⅰ日程〉・経営〈Ⅰ日程〉・人間環境・グローバル教養学部－A方式）
396 法政大学（経済〈Ⅰ日程〉・社会〈Ⅰ日程〉・現代福祉学部－A方式）
397 法政大学（経済〈Ⅱ日程〉・社会〈Ⅱ日程〉・スポーツ健康学部－A方式）
398 法政大学（情報科・デザイン工・理工・生命科学部－A方式）
399 法政大学（T日程〈統一日程〉・英語外部試験利用入試）
400 星薬科大学 総推

ま行（関東の大学）

401 武蔵大学
402 武蔵野大学
403 武蔵野美術大学
404 明海大学
405 明治大学（法学部－学部別入試）
406 明治大学（政治経済学部－学部別入試）
407 明治大学（商学部－学部別入試）
408 明治大学（経営学部－学部別入試）
409 明治大学（文学部－学部別入試）
410 明治大学（国際日本学部－学部別入試）
411 明治大学（情報コミュニケーション学部－学部別入試）
412 明治大学（理工学部－学部別入試）
413 明治大学（総合数理学部－学部別入試）
414 明治大学（農学部－学部別入試）
415 明治大学（全学部統一入試）
416 明治学院大学（A日程）
417 明治学院大学（全学部日程）
418 明治薬科大学 総推
419 明星大学
420 目白大学・短期大学部

ら・わ行（関東の大学）

421 立教大学（文系学部－一般入試〈大学独自の英語を課さない日程〉）
422 立教大学（国語〈3日程×3カ年〉）
423 立教大学（日本史・世界史〈2日程×3カ年〉）
424 立教大学（文学部－一般入試〈大学独自の英語を課す日程〉）
425 立教大学（理学部－一般入試）
426 立正大学
427 早稲田大学（法学部）
428 早稲田大学（政治経済学部）
429 早稲田大学（商学部）
430 早稲田大学（社会科学部）
431 早稲田大学（文学部）
432 早稲田大学（文化構想学部）
433 早稲田大学（教育学部〈文科系〉）
434 早稲田大学（教育学部〈理科系〉）
435 早稲田大学（人間科・スポーツ科学部）
436 早稲田大学（国際教養学部）
437 早稲田大学（基幹理工・創造理工・先進理工学部）
438 和洋女子大学 総推

中部の大学（50音順）

439 愛知大学
440 愛知医科大学（医学部） 医
441 愛知学院大学・短期大学部
442 愛知工業大学 総推
443 愛知淑徳大学
444 朝日大学 総推
445 金沢医科大学（医学部） 医
446 金沢工業大学
447 岐阜聖徳学園大学 総推
448 金城学院大学
449 至学館大学 総推
450 静岡理工科大学
451 椙山女学園大学
452 大同大学
453 中京大学
454 中部大学
455 名古屋外国語大学 総推
456 名古屋学院大学 総推
457 名古屋学芸大学 総推
458 名古屋女子大学 総推
459 南山大学（外国語〈英米〉・法・総合政策・国際教養学部）
460 南山大学（人文・外国語〈英米を除く〉・経済・経営・理工学部）
461 新潟国際情報大学
462 日本福祉大学
463 福井工業大学
464 藤田医科大学（医学部） 医
465 藤田医科大学（医療科・保健衛生学部）
466 名城大学（法・経営・経済・外国語・人間・都市情報学部）
467 名城大学（情報工・理工・農・薬学部）
468 山梨学院大学

近畿の大学（50音順）

469 追手門学院大学 総推
470 大阪医科薬科大学（医学部） 医
471 大阪医科薬科大学（薬学部） 総推
472 大阪学院大学 総推
473 大阪経済大学 総推
474 大阪経済法科大学 総推
475 大阪工業大学 総推
476 大阪国際大学・短期大学部 総推
477 大阪産業大学 総推
478 大阪歯科大学（歯学部）
479 大阪商業大学 総推
480 大阪成蹊大学・短期大学 総推
481 大谷大学 総推
482 大手前大学・短期大学 総推
483 関西大学（文系）
484 関西大学（理系）
485 関西大学（英語〈3日程×3カ年〉）
486 関西大学（国語〈3日程×3カ年〉）
487 関西大学（日本史・世界史・文系数学〈3日程×3カ年〉）
488 関西医科大学（医学部） 医
489 関西医療大学 総推
490 関西外国語大学・短期大学部 総推
491 関西学院大学（文・法・商・人間福祉・総合政策学部－学部個別日程）
492 関西学院大学（神・社会・経済・国際・教育学部－学部個別日程）
493 関西学院大学（全学部日程〈文系型〉）
494 関西学院大学（全学部日程〈理系型〉）
495 関西学院大学（共通テスト併用日程〈数学〉・英数日程）
496 関西学院大学（英語〈3日程×3カ年〉） 新
497 関西学院大学（国語〈3日程×3カ年〉） 新
498 関西学院大学（日本史・世界史・文系数学〈3日程×3カ年〉） 新
499 畿央大学 総推
500 京都外国語大学・短期大学 総推
502 京都産業大学（公募推薦入試） 総推
503 京都産業大学（一般選抜入試〈前期日程〉）
504 京都女子大学 総推
505 京都先端科学大学 総推
506 京都橘大学 総推
507 京都ノートルダム女子大学 総推
508 京都薬科大学 総推
509 近畿大学・短期大学部（医学部を除く－推薦入試） 総推
510 近畿大学・短期大学部（医学部を除く－一般入試前期）
511 近畿大学（英語〈医学部を除く3日程×3カ年〉）
512 近畿大学（理系数学〈医学部を除く3日程×3カ年〉）
513 近畿大学（国語〈医学部を除く3日程×3カ年〉）
514 近畿大学（医学部－推薦入試・一般入試前期） 医 総推
515 近畿大学・短期大学部（一般入試後期） 医
516 皇學館大学 総推
517 甲南大学 総推
518 甲南女子大学（学校推薦型選抜） 新 総推
519 神戸学院大学 総推
520 神戸国際大学 総推
521 神戸女学院大学 総推
522 神戸女子大学・短期大学 総推
523 神戸薬科大学 総推
524 四天王寺大学・短期大学部 総推
525 摂南大学（公募制推薦入試） 総推
526 摂南大学（一般選抜前期日程）
527 帝塚山学院大学 総推
528 同志社大学（法、グローバル・コミュニケーション学部－学部個別日程）

2025年版　大学赤本シリーズ

国公立大学 その他

171 〔国公立大〕医学部医学科 総合型選抜・学校推薦型選抜※ 医 総推
172 看護・医療系大学〈国公立 東日本〉※
173 看護・医療系大学〈国公立 中日本〉※
174 看護・医療系大学〈国公立 西日本〉※
175 海上保安大学校／気象大学校
176 航空保安大学校
177 国立看護大学校
178 防衛大学校 総推
179 防衛医科大学校(医学科) 医
180 防衛医科大学校(看護学科)

※No.171～174の収載大学は赤本ウェブサイト(http://akahon.net/)でご確認ください。

私立大学①

北海道の大学(50音順)

201 札幌大学
202 札幌学院大学
203 北星学園大学
204 北海学園大学
205 北海道医療大学
206 北海道科学大学
207 北海道武蔵女子大学・短期大学
208 酪農学園大学(獣医学群〈獣医学類〉)

東北の大学(50音順)

209 岩手医科大学(医・歯・薬学部) 医
210 仙台大学 総推
211 東北医科薬科大学(医・薬学部) 医
212 東北学院大学
213 東北工業大学
214 東北福祉大学
215 宮城学院女子大学 総推

関東の大学(50音順)

あ行(関東の大学)

216 青山学院大学(法・国際政治経済学部－個別学部日程)
217 青山学院大学(経済学部－個別学部日程)
218 青山学院大学(経営学部－個別学部日程)
219 青山学院大学(文・教育人間科学部－個別学部日程)
220 青山学院大学(総合文化政策・社会情報・地球社会共生・コミュニティ人間科学部－個別学部日程)
221 青山学院大学(理工学部－個別学部日程)
222 青山学院大学(全学部日程)
223 麻布大学(獣医、生命・環境科学部)
224 亜細亜大学
226 桜美林大学
227 大妻女子大学・短期大学部

か行(関東の大学)

228 学習院大学(法学部－コア試験)
229 学習院大学(経済学部－コア試験)
230 学習院大学(文学部－コア試験)
231 学習院大学(国際社会科学部－コア試験)
232 学習院大学(理学部－コア試験)
233 学習院女子大学
234 神奈川大学(給費生試験)
235 神奈川大学(一般入試)
236 神奈川工科大学
237 鎌倉女子大学・短期大学部
238 川村学園女子大学
239 神田外語大学
240 関東学院大学
241 北里大学(理学部)
242 北里大学(医学部) 医
243 北里大学(薬学部)
244 北里大学(看護・医療衛生学部)
245 北里大学(未来工・獣医・海洋生命科学部)
246 共立女子大学・短期大学
247 杏林大学(医学部) 医
248 杏林大学(保健学部)
249 群馬医療福祉大学・短期大学部
250 群馬パース大学 総推
251 慶應義塾大学(法学部)
252 慶應義塾大学(経済学部)
253 慶應義塾大学(商学部)
254 慶應義塾大学(文学部) 総推
255 慶應義塾大学(総合政策学部)
256 慶應義塾大学(環境情報学部)
257 慶應義塾大学(理工学部)
258 慶應義塾大学(医学部) 医
259 慶應義塾大学(薬学部)
260 慶應義塾大学(看護医療学部)
261 工学院大学
262 國學院大學
263 国際医療福祉大学 医
264 国際基督教大学
265 国士舘大学
266 駒澤大学(一般選抜T方式・S方式)
267 駒澤大学(全学部統一日程選抜)

さ行(関東の大学)

268 埼玉医科大学(医学部) 医
269 相模女子大学・短期大学部
270 産業能率大学
271 自治医科大学(医学部) 医
272 自治医科大学(看護学部)／東京慈恵会医科大学(医学部〈看護学科〉)
273 実践女子大学 総推
274 芝浦工業大学(前期日程)
275 芝浦工業大学(全学統一日程・後期日程)
276 十文字学園女子大学
277 淑徳大学
278 順天堂大学(医学部) 医
279 順天堂大学(スポーツ健康科・医療看護・保健看護・国際教養・保健医療・医療科・健康データサイエンス・薬学部) 総推
280 上智大学(神・文・総合人間科学部)
281 上智大学(法・経済学部)
282 上智大学(外国語・総合グローバル学部)
283 上智大学(理工学部)
284 上智大学(TEAPスコア利用方式)
285 湘南工科大学
286 昭和大学(医学部) 医
287 昭和大学(歯・薬・保健医療学部)
288 昭和女子大学
289 昭和薬科大学
290 女子栄養大学・短期大学部 総推
291 白百合女子大学
292 成蹊大学(法学部－A方式)
293 成蹊大学(経済・経営学部－A方式)
294 成蹊大学(文学部－A方式)
295 成蹊大学(理工学部－A方式)
296 成蹊大学(E方式・G方式・P方式)
297 成城大学(経済・社会イノベーション学部－A方式)
298 成城大学(文芸・法学部－A方式)
299 成城大学(S方式〈全学部統一選抜〉)
300 聖心女子大学
301 清泉女子大学
303 聖マリアンナ医科大学 医
304 聖路加国際大学(看護学部)
305 専修大学(スカラシップ・全国入試)
306 専修大学(前期入試〈学部個別入試〉)
307 専修大学(前期入試〈全学部入試・スカラシップ入試〉)

た行(関東の大学)

308 大正大学
309 大東文化大学
310 高崎健康福祉大学
311 拓殖大学
312 玉川大学
313 多摩美術大学
314 千葉工業大学
315 中央大学(法学部－学部別選抜)
316 中央大学(経済学部－学部別選抜)
317 中央大学(商学部－学部別選抜)
318 中央大学(文学部－学部別選抜)
319 中央大学(総合政策学部－学部別選抜)
320 中央大学(国際経営・国際情報学部－学部別選抜)
321 中央大学(理工学部－学部別選抜)
322 中央大学(5学部共通選抜)
323 中央学院大学
324 津田塾大学
325 帝京大学(薬・経済・法・文・外国語・教育・理工・医療技術・福岡医療技術学部)
326 帝京大学(医学部) 医
327 帝京科学大学 総推
328 帝京平成大学 総推
329 東海大学(医〈医〉学部を除く－一般選抜)
330 東海大学(文系・理系学部統一選抜)
331 東海大学(医学部〈医学科〉) 医
332 東京医科大学(医学部〈医学科〉) 医
333 東京家政大学・短期大学部 総推
334 東京経済大学
335 東京工科大学
336 東京工芸大学
337 東京国際大学
338 東京歯科大学
339 東京慈恵会医科大学(医学部〈医学科〉) 医
340 東京情報大学
341 東京女子大学
342 東京女子医科大学(医学部) 医
343 東京電機大学
344 東京都市大学
345 東京農業大学
346 東京薬科大学(薬学部) 総推
347 東京薬科大学(生命科学部) 総推
348 東京理科大学(理学部〈第一部〉－B方式)
349 東京理科大学(創域理工学部－B方式・S方式)
350 東京理科大学(工学部－B方式)
351 東京理科大学(先進工学部－B方式)
352 東京理科大学(薬学部－B方式)
353 東京理科大学(経営学部－B方式)
354 東京理科大学(C方式、グローバル方式、理学部〈第二部〉－B方式)
355 東邦大学(医学部) 医
356 東邦大学(薬学部)

教学社 刊行一覧

2025年版 大学赤本シリーズ

国公立大学（都道府県順）

374大学556点
全都道府県を網羅

全国の書店で取り扱っています。店頭にない場合は，お取り寄せができます。

1 北海道大学（文系－前期日程）
2 北海道大学（理系－前期日程） 医
3 北海道大学（後期日程）
4 旭川医科大学（医学部〈医学科〉） 医
5 小樽商科大学
6 帯広畜産大学
7 北海道教育大学
8 室蘭工業大学／北見工業大学
9 釧路公立大学
10 公立千歳科学技術大学
11 公立はこだて未来大学 総推
12 札幌医科大学（医学部） 医
13 弘前大学 医
14 岩手大学
15 岩手県立大学・盛岡短期大学部・宮古短期大学部
16 東北大学（文系－前期日程）
17 東北大学（理系－前期日程） 医
18 東北大学（後期日程）
19 宮城教育大学
20 宮城大学
21 秋田大学 医
22 秋田県立大学
23 国際教養大学 総推
24 山形大学 医
25 福島大学
26 会津大学
27 福島県立医科大学（医・保健科学部） 医
28 茨城大学（文系）
29 茨城大学（理系）
30 筑波大学（推薦入試） 医 総推
31 筑波大学（文系－前期日程）
32 筑波大学（理系－前期日程） 医
33 筑波大学（後期日程）
34 宇都宮大学
35 群馬大学 医
36 群馬県立女子大学
37 高崎経済大学
38 前橋工科大学
39 埼玉大学（文系）
40 埼玉大学（理系）
41 千葉大学（文系－前期日程）
42 千葉大学（理系－前期日程） 医
43 千葉大学（後期日程） 医
44 東京大学（文科） DL
45 東京大学（理科） DL 医
46 お茶の水女子大学
47 電気通信大学
48 東京外国語大学 DL
49 東京海洋大学
50 東京科学大学（旧 東京工業大学）
51 東京科学大学（旧 東京医科歯科大学） 医
52 東京学芸大学
53 東京藝術大学
54 東京農工大学
55 一橋大学（前期日程）
56 一橋大学（後期日程）
57 東京都立大学（文系）
58 東京都立大学（理系）
59 横浜国立大学（文系）
60 横浜国立大学（理系）
61 横浜市立大学（国際教養・国際商・理・データサイエンス・医〈看護〉学部）
62 横浜市立大学（医学部〈医学科〉） 医
63 新潟大学（人文・教育〈文系〉・法・経済科・医〈看護〉・創生学部）
64 新潟大学（教育〈理系〉・理・医〈看護を除く〉・歯・工・農学部） 医
65 新潟県立大学
66 富山大学（文系）
67 富山大学（理系） 医
68 富山県立大学
69 金沢大学（文系）
70 金沢大学（理系） 医
71 福井大学（教育・医〈看護〉・工・国際地域学部）
72 福井大学（医学部〈医学科〉） 医
73 福井県立大学
74 山梨大学（教育・医〈看護〉・工・生命環境学部）
75 山梨大学（医学部〈医学科〉） 医
76 都留文科大学
77 信州大学（文系－前期日程）
78 信州大学（理系－前期日程） 医
79 信州大学（後期日程）
80 公立諏訪東京理科大学 総推
81 岐阜大学（前期日程） 医
82 岐阜大学（後期日程）
83 岐阜薬科大学
84 静岡大学（前期日程）
85 静岡大学（後期日程）
86 浜松医科大学（医学部〈医学科〉） 医
87 静岡県立大学
88 静岡文化芸術大学
89 名古屋大学（文系）
90 名古屋大学（理系） 医
91 愛知教育大学
92 名古屋工業大学
93 愛知県立大学
94 名古屋市立大学（経済・人文社会・芸術工・看護・総合生命理・データサイエンス学部）
95 名古屋市立大学（医学部〈医学科〉） 医
96 名古屋市立大学（薬学部）
97 三重大学（人文・教育・医〈看護〉学部）
98 三重大学（医〈医〉・工・生物資源学部） 医
99 滋賀大学
100 滋賀医科大学（医学部〈医学科〉） 医
101 滋賀県立大学
102 京都大学（文系）
103 京都大学（理系） 医
104 京都教育大学
105 京都工芸繊維大学
106 京都府立大学
107 京都府立医科大学（医学部〈医学科〉） 医
108 大阪大学（文系） DL
109 大阪大学（理系） 医
110 大阪教育大学
111 大阪公立大学（現代システム科学域〈文系〉・文・法・経済・商・看護・生活科〈居住環境・人間福祉〉学部－前期日程）
112 大阪公立大学（現代システム科学域〈理系〉・理・工・農・獣医・医・生活科〈食栄養〉学部－前期日程） 医
113 大阪公立大学（中期日程）
114 大阪公立大学（後期日程）
115 神戸大学（文系－前期日程）
116 神戸大学（理系－前期日程） 医
117 神戸大学（後期日程）
118 神戸市外国語大学 DL
119 兵庫県立大学（国際商経・社会情報科・看護学部）
120 兵庫県立大学（工・理・環境人間学部）
121 奈良教育大学／奈良県立大学
122 奈良女子大学
123 奈良県立医科大学（医学部〈医学科〉） 医
124 和歌山大学
125 和歌山県立医科大学（医・薬学部） 医
126 鳥取大学 医
127 公立鳥取環境大学
128 島根大学 医
129 岡山大学（文系）
130 岡山大学（理系） 医
131 岡山県立大学
132 広島大学（文系－前期日程）
133 広島大学（理系－前期日程） 医
134 広島大学（後期日程）
135 尾道市立大学 総推
136 県立広島大学
137 広島市立大学
138 福山市立大学 総推
139 山口大学（人文・教育〈文系〉・経済・医〈看護〉・国際総合科学部）
140 山口大学（教育〈理系〉・理・医〈看護を除く〉・工・農・共同獣医学部） 医
141 山陽小野田市立山口東京理科大学 総推
142 下関市立大学／山口県立大学
143 周南公立大学 新 総推
144 徳島大学 医
145 香川大学 医
146 愛媛大学 医
147 高知大学 医
148 高知工科大学
149 九州大学（文系－前期日程）
150 九州大学（理系－前期日程） 医
151 九州大学（後期日程）
152 九州工業大学
153 福岡教育大学
154 北九州市立大学
155 九州歯科大学
156 福岡県立大学／福岡女子大学
157 佐賀大学 医
158 長崎大学（多文化社会・教育〈文系〉・経済・医〈保健〉・環境科〈文系〉学部）
159 長崎大学（教育〈理系〉・医〈医〉・歯・薬・情報データ科・工・環境科〈理系〉・水産学部） 医
160 長崎県立大学 総推
161 熊本大学（文・教育・法・医〈看護〉学部・情報融合学環〈文系型〉）
162 熊本大学（理・医〈看護を除く〉・薬・工学部・情報融合学環〈理系型〉） 医
163 熊本県立大学
164 大分大学（教育・経済・医〈看護〉・理工・福祉健康科学部）
165 大分大学（医学部〈医・先進医療科学科〉） 医
166 宮崎大学（教育・医〈看護〉・工・農・地域資源創成学部）
167 宮崎大学（医学部〈医学科〉） 医
168 鹿児島大学（文系）
169 鹿児島大学（理系） 医
170 琉球大学 医

2025 年版　大学赤本シリーズ　No. 513
近畿大学（国語〈医学部を除く 3 日程 × 3 カ年〉）

2024 年 7 月 10 日　第 1 刷発行
ISBN978-4-325-26572-6
定価は裏表紙に表示しています

編　集　教学社編集部
発行者　上原 寿明
発行所　教学社
〒606-0031
京都市左京区岩倉南桑原町56
電話　075-721-6500
振替　01020-1-15695
印　刷　太洋社